책임감 있는 반응형 디자인

RESPONSIBLE RESPONSIVE DESIGN
By A Book Apart
Copyright © 2014 Scott Jehl
Korean Translation Edition © 2020 by Webactually Korea, Inc.
All Rights Reserved.

이 책의 한국어판 저작권은 저작권자와의 독점 계약으로 웹액츄얼리코리아㈜에 있습니다.
저작권법에 의해 한국 내에서 보호를 받는 저작물이므로 무단전재와 복사·복제를 금합니다.
이 책 내용의 전부 또는 일부를 사용하려면 반드시 저작권자와 웹액츄얼리코리아의 서면 동의를 받아야 합니다.

스콧 젤

책임감 있는 반응형 디자인
RESPONSIBLE RESPONSIVE DESIGN

A BOOK APART | **webactually**

책임감 있는 반응형 디자인

초판 1쇄 발행 2020년 1월 2일

지은이 스콧 젤
옮긴이 남기혁
펴낸이 오상준

편집 이윤지
디자인 다인

펴낸곳 웹액츄얼리코리아㈜
출판등록 제2014-000175호
주소 서울특별시 강남구 논현로 132길 31 EZRA빌딩 4층
전화 (02) 542-0411
팩스 (02) 541-0414
이메일 books@webactually.com

매거진 웹사이트 www.webactually.com
북스 웹사이트 books.webactually.com
페이스북 facebook.com/webactually
트위터 @webactually

ISBN 979-11-85885-23-0 93000

※ 잘못되거나 파손된 책은 구입하신 곳에서 교환해드립니다.
※ 정가는 뒤표지에 있습니다.
※ 이 도서의 국립중앙도서관 출판예정도서목록(CIP)은 서지정보유통지원시스템 홈페이지
 (http://seoji.nl.go.kr)와 국가자료공동목록시스템(http://www.nl.go.kr/kolisnet)에서
 이용하실 수 있습니다. (CIP제어번호: CIP2019045957)

한국어판 출간에 앞서

한국어판《책임감 있는 반응형 디자인》의 출간을 기쁘게 생각합니다. 이 책은 새로운 환경(모바일은 실제로 무엇을 의미하는지)과 화면 특징, 빠르거나 느린 네트워크 그리고 전 세계 사용자를 위해 웹을 개발할 때 디자인에 어떠한 주의를 기울여야 하는지에 대해 알려줍니다. 스콧 젤은 플랫폼 전체에 콘텐츠를 올바르게 제공하고 성능을 조정해야 한다는 주제뿐만 아니라 더욱 다양한 주제를 다루며 오늘날 여러분이 구축한 사이트와 앱이 먼 미래에도 유지될 수 있도록 노력하고 있습니다.

제프리 젤드먼, 스콧 젤

추천의 글

웹은 그럴듯한 비유로 포장하기에 안성맞춤입니다. 웹이 등장한 초기에는 인쇄기였다가 점점 시간이 지나면서 놀이터가 되더니 급기야는 시장 바닥이 되었습니다. 지금은 사진첩, 다이어리, 여행 기록, 일상과 비디오 및 GIF 등을 공유하는 장소라는 표현이 끝없이 이어질 정도로 다양해졌습니다. 여기에 웹 접근이 가능한 휴대용 디바이스의 폭발적인 인기로 인해 웹이 개발된 이래 유래 없는 광범위한 접근성을 갖게 되었습니다. 웹은 단순히 하부 요소 기술을 합친 것이 아닌 HTTP를 기반으로 복잡하게 얽힌 패킷들이 진화하면서 콘텐츠를 제공하고, 물품을 판매하며, 서로 만나고 협업하며 놀 수 있는 장소로 발전하고 있다고 볼 수 있습니다.

하지만 여기에는 한 가지 문제가 있습니다. 인정하고 싶지 않을 수도 있지만 웹은 생각보다 연약합니다. 웹은 (연결이 갑자기 끊기거나 네트워크 지연 시간이 너무 길어지는 등) 불확실한 요소가 많아서 우리가 디자인한 요소들이 사용자에게 제대로 전달되지 못할 가능성도 있습니다. 물론 이것을 일시적인 현상으로 여기고 디바이스 성능이 향상되거나 네트워크 인프라가 탄탄해질수록 이런 문제는 서서히 해결될 것이라고 생각할지도 모릅니다. 하지만 웹은 선진국의 발전된 인프라와 신흥 시장의 저렴한 저성능 모바일 디바이스 사이에서 전 세계에 접속할 수 있을 정도로 강력한 기능을 제공하지만 속도는 생각보다 훨씬 느린 매체로 떠오르고 있는 듯합니다.

암울하게 들릴지도 모르지만 여기서 끝이 아닙니다. '모바일'이 처음 등장했을 때만 하더라도 새로운 기회였습니다. 당시에는 디바이스에 종속적인 사이트에 머물지 않고 가변적인^{flexible} 레이아웃과 미디어 쿼리를 이용해 거의 모든 종류의 화면 크기에 적응할 수 있는 반응형 디자인과 레이아웃을 만들 수 있다고 생각했습니다.

지금도 그때와는 다르지만 여전히 기회가 주어진 셈입니다. 이는 레이아웃을 단순히 반응형으로 만드는 데 그치지 않고 지속적으로 이어지도록 만드는 것입니다. 다시 말해서 화려한 콘텐츠와 인터페이스를 최신 디바이스나 빵빵한 네트워크뿐만 아니라 모든 화면과 모든 지역에서도 사용할 수 있도록 제공하는 것입니다.

고맙게도 저자는 이것을 구체적으로 실현하기 위한 방법을 제시하고 있습니다. 나는 반응형으로 새롭게 디자인하는 프로젝트를 스콧과 여러 차례 작업한 경험이 있는데, 지금까지 만나본 디자이너 중 스콧만큼 웹의 연약함을 깊이 이해하고 존중하는 사람은 없었습니다. 또한 그는 이 작은 책을 통해 그가 가진 전문 지식을 독자와 공유하고, 웹의 변덕스러움에 대처할 수 있는 민첩하고 가벼운 인터페이스 제작 방법에 대해 친절히 알려주고 있습니다.

우리는 지난 몇 년 동안 반응형으로 디자인하는 과정에서 레이아웃의 폭과 높이를 완벽히 제어한다는 생각은 버려야 한다는 것을 깨달았습니다. 이제 스콧은 우리에게 그다음 단계를 제시하고 있습니다. 그는 이 책에서 책임감 있는 반응형 디자인을 구축함으로써 단순히 다양한 화면 크기에 대처하는 것에 그치지 않고, 모든 디바이스에 보편적으로 적용할 수 있도록 형태가 변하는 웹을 만드는 방법에 대해 소개하고 있습니다.

그럼 지금부터 시작해봅시다.

이단 마콧

일러두기
- 이 책의 주석은 모두 옮긴이 주다.
- 연결이 안 되는 URL은 삭제하거나 단축 주소를 새로 만들었다.
- 현 시점과 맞지 않는 내용은 수정하거나 주석을 달았다.

차례

- 5 | 한국어판 출간에 앞서
- 6 | 추천의 글
- 11 | 서문

- 29 | chapter 1
  책임감 있는 디자인
- 67 | chapter 2
  지속성 있는 감지 방법
- 117 | chapter 3
  성능 고려하기
- 143 | chapter 4
  책임감 있게 전달하기

- 223 | 결론
- 225 | 감사의 글
- 228 | 참고 자료
- 231 | 참고 URL
- 237 | 찾아보기

서문

2012년 초 아내와 나는 캄보디아 시엠레아프 Siem Reap에서 아파트 한 채를 빌려 오랫동안 머문 적이 있다. 아내는 아동 병원에서 자원봉사 활동에 참여했고, 나는 원격 근무로 미국에 있는 필라멘트 그룹 Filament Group 동료들과 함께 웹사이트를 제작하는 프로젝트를 진행했다. 그렇게 몇 달 동안 주변 지역을 돌아다니며 작업했는데, 그 과정에서 라오스, 인도네시아, 스리랑카, 네팔 등과 같이 개발도상국 중에서도 인프라가 풍족하지 못한 지역에 머물기도 했다. 그곳에서도 웹은 기존처럼 똑같이 사용할 수 있었지만 현지인이 겪는 열악한 네트워크 성능을 경험할 때가 많았다. 그 덕분에 나는 디자이너 입장에서 생각했던 것과 사용자 입장에서 가져야 하는 인내심을 동시에 확인할 수 있었다.

개발도상국 중 많은 나라에서 모바일 서비스가 주된 인터넷 접속 수단이라는 말을 들어본 적이 있을 것이다. 내가 보기에도 정말 그랬다. 생전 처음 보는 모바일 디바이스들이 유리 케이스에 담겨 시장 가판대를 장식하고 있었고, 덕분에 테스트용 디바이스를 꽤 많이 확보할 수 있었다. 그런데 얼핏 보면 모두 인터넷에 접속할 수 있는 전화기를 사용하는 것처럼 보였지만, 다른 디바이스에서 웹에 접속할 때조차 셀룰러 네트워크(무선 전화망)에 상당히 의존하고 있다는 사실에 깜짝 놀랐다. 노트북을 인터넷에 접속할 때도 선불 심카드 prepaid SIM나 USB 동글을 주로 사용했는데, 나도 예외는 아니었다.

이런 식으로 웹에 접속하는 일은 인내심 훈련을 하는 것과 다름없었다. 나는 페이지의 일부분만 로딩된 브라우저 탭 사이를 왔다 갔다 했다. 동시에 그 옆에 띄워둔 다른 웹 앱 창의 새하얀 빈 페이지 상단에 로딩 중이라고 알리는 기호가 빙글빙글 돌고 있는 메시지 창만 뚫어지게 쳐다보며 새로 고침 버튼만 연신 눌러대느라 몇 시간을 허비하면서 선불 심카드에 할당된 얼마 안 되는 데이터만 잡아먹곤 했다. 나는 이런 일을 겪을 때마다 반응형 디자인responsive design과 점진적 향상progressive enhancement을 비롯한 바람직한 원칙들을 지지하는 한 사람으로서 웹사이트를 '올바른 방식'으로 만들었다면 이런 문제가 발생하지 않았을 것이라는 생각이 들 때가 많았다. 물론 이런 원칙들 중 상당수는 기대만큼 효과적이지 않다는 점도 인정한다. 하지만 이곳은 웹 접근성에 대한 아주 기본적인 사항조차 보장되지 않는 환경이었다.

이런 경험은 나만 겪은 것이 아니다. 2014년 《와이어드Wired》지에 페이스북 경영진이 나이지리아를 방문하는 동안 자사의 서비스를 이용한 경험에 대해 소개한 적이 있었다(http://bkaprt.com/rrd/0-01/). 참고로 나이지리아의 인터넷 사용자 중 30퍼센트가 페이스북을 사용한다고 한다.

> 버튼을 누르고 기다리고 또 기다렸다. 화면 하나 뜨는 데 정말 오랜 시간이 걸렸다. 심지어 (페이스북 사용자들이 흔히 이용하는) 사진 올리기와 같이 굉장히 단순한 기능조차 실행되지 않았다. 서비스를 사용하기에는 환경이 매우 열악했다. 우리는 지금까지 우리와 비슷한 조건에 있는 사용자들을 위한 앱을 만들고 있었다. 그런데 알고 보니 우리는 일반적인 사용자가 아닌 아주 특수한 사용자층이었다.

나와 같은 웹 개발자는 대부분 특수한 환경에서 살고 있다. 제대로 작업하려면 대용량 데이터를 빠르고 안정적으로 전송할 수 있도록 네트워크 환경을 갖추고 최신의 고성능 장비를 사용해야 한다. 하지만 개발자들이 이렇게 완벽에 가까운 환경에서 작업한다고

해서 이와 비슷한 환경에 있는 사용자만을 대상으로 웹을 개발해서는 안 된다. 전 세계 사용자의 상당수는 이보다 더 열악한 환경에서 살고 있다는 점을 잊지 말아야 한다.

물론 이는 목표로 삼는 사용자층이 아닐 수도 있다. 하지만 전 세계 웹 트래픽 중에서 큰 폭의 상승세를 보인 곳은 다름 아닌 저렴하고 기능이 다소 부족한 디바이스를 사용하는 신흥 시장 지역이었다는 점을 감안하면 무시할 수는 없다(http://bkaprt.com/rrd/c-02/). 심지어 선진국에서도 데이터 요금제가 비싸거나 제약 사항이 많아서 모바일 네트워크 속도가 느리거나 불안정한 경우가 많은 곳이 있다. 당장 트위터를 검색해보면 런던은 모바일 네트워크가 형편없는 곳으로 악명이 높고, 내가 살고 있는 플로리다는 고대 기술인 엣지EDGE[1] 네트워크 수준과 다를 바 없다고 한다. 세상에 엣지라니…….

우리 이웃이나 사용자 그리고 고객들이 안정적·효율적으로 웹에 접근할 수 있도록 환경을 제공하는 것은 당장 쉽게 이룰 수 있는 일이 아니다. 반면 웹디자이너의 입장에서 이런 상황은 개선할 여지가 충분히 있다. 여기서 일부러 '고객'이라는 표현을 사용했는데, 이는 웹 접근성을 개선하려는 노력은 단지 다양한 사람들에 대한 배려 차원에서 하는 것이 아니라, 모든 사람을 수용할 정도로 융통성 있게 웹사이트를 제작함으로써 고객층을 더욱 확대할 수 있는 기회가 되기 때문이다.

이 책의 핵심 주제는 접근성으로, 웹의 미래를 제시하는 최신 기능들을 최대한 살리는 동시에 서비스의 접근 범위를 확대하기 위한 방법에 대해 집중적으로 다루고 있다. 다양성은 웹의 본질이지

---

[1] 한국에서는 제공되지 않은 2.5G에 해당하는 통신 기술로서, 미국이나 중국 등에서 3G 보조용으로 사용하는 기술. 외국에서 이 망에 연결될 때 휴대폰에 E라고 표시된다.

문제점이 아니다. 우리가 만드는 콘텐츠와 서비스를 가능한 한 모든 디바이스에서 접근할 수 있도록 최선을 다해야 한다. 힘든 일이라고 생각할 수도 있다. 물론 실제로 그렇기도 하다. 하지만 이를 강조하는 것은 쉽게 할 수 있어서가 아니라 가치 있는 일이기 때문이다.

지금부터 사용자의 현황부터 살펴보도록 하자.

웹의 다변화

이 현상은 수치로 증명할 수 있다. 2011년 애플은 iOS 기반 제품을 지난 28년 동안 판매한 컴퓨터 수보다 더 많이 판매했다(http://bkaprt.com/rrd/0-03/). 2013년에는 전 세계 모바일 데이터 사용량이 81퍼센트나 증가했다(http://bkaprt.com/rrd/0-04/). 아이패드가 출시된 지 4년이 지난 2014년 1월 미국인의 58퍼센트가 스마트폰을, 42퍼센트가 태블릿을 소유했다(http://bkaprt.com/rrd/0-05/). 이런 증가 속도는 매우 놀라울 정도인데 이는 모바일에만 국한된 현상이 아니다.

우리가 사용하고 있는 제품은 기능 지원, 환경 제약, 활용도, 폼 팩터form factor를 비롯한 다양한 측면에서 발전하고 있다(그림 1). 화면 크기만 보아도 급격히 변하고 있다. 2013년 초 가장 많이 사용된 디바이스 20개의 화면 크기를 겹쳐놓고 보면 화면 크기의 다양함을 확실히 알 수 있다(그림 2).

화면 크기와 해상도는 별개로 크기가 작아도 해상도는 높을 수 있다. 또한 브라우저의 뷰포트viewport 크기도 예측할 수 없다. 이는 브라우저마다 다른 경우가 많기 때문이다. 디자이너 센니드 볼스Cennydd Bowles에 따르면 브라우저의 뷰포트 종류가 거의 무한에 가까운 점을 감안하면 실제로 고려해야 할 화면 크기의 종류는 화면 크기 순위 목록에 나온 것보다 훨씬 많다고 한다(그림 3).

그림 1 디바이스 종류에 따라 다양한 화면 크기

결국 단편화fragmentation 문제가 발생한다. 그나마 다행인 것은 다양한 뷰포트 크기에 우연하게 대응할 수 있도록 디자인하는 문제는 어느 정도 해결된 상태다.

반응형 디자인 : 책임감 있는 개발 원칙의 출발점

> 이 방향으로 가야 한다. 끊임없이 증가하는 웹 디바이스 종류마다 각각 디자인하지 말고, 하나의 경험을 다양한 측면으로 제공해야 한다.
>
> – 이단 마콧Ethan Marcotte, 《반응형 웹디자인Responsive Web Design》

반응형 웹디자인Responsive Web Design이란 2010년 이단 마콧이 처음 고안한 용어로, 레이아웃이 주어진 환경에 (거의 마술처럼) 반응하도록 가변 그리드fluid grid와 가변 이미지fluid image, CSS3 미디어 쿼리media query를 결합해 웹 레이아웃을 제작하는 방식을 말한다(그림 4).

이 책의 제목만 보고 반응형 웹디자인은 책임감 없다고 오해하는 독자들을 위해 결론부터 확실히 이야기하면 반응형 웹디자인이 바로 책임감 있는 웹디자인이다. 이것이 이 책의 전부이므로 책을 덮어도 좋다.

농담이다. 좀더 구체적으로 설명하면 다음과 같다.

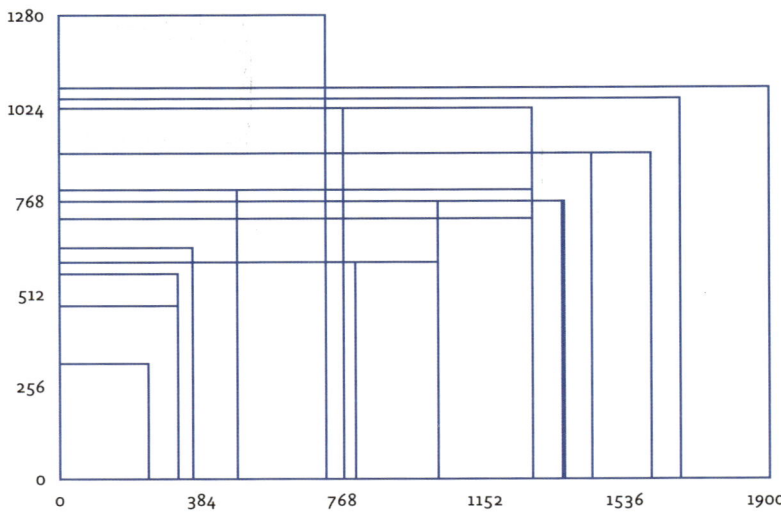

그림 2 가장 인기 있는 상위 20개 디바이스에서 사용하는 매우 다양한 화면 크기(http://bkaprt.com/rrd/0-06/)

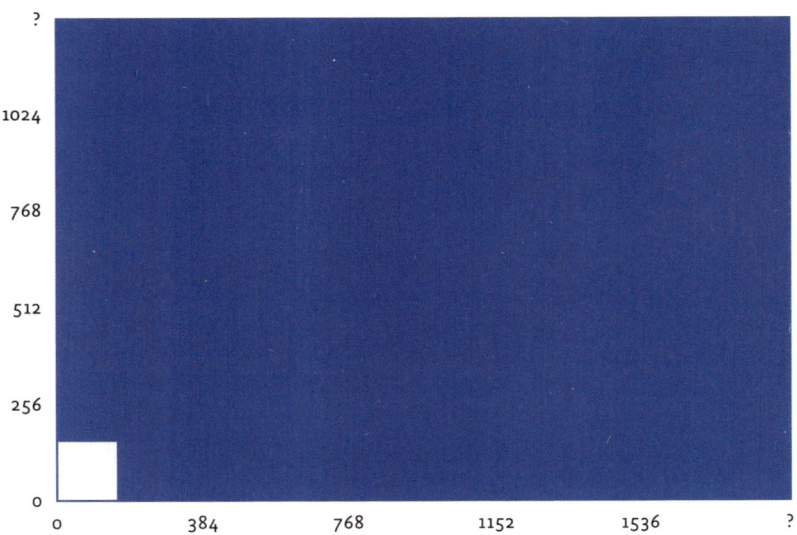

그림 3 웹의 뷰포트 크기의 단편화(센니드 볼스가 트위터에 올린 그림을 재구성함)(http://bkaprt.com/rrd/0-07/)

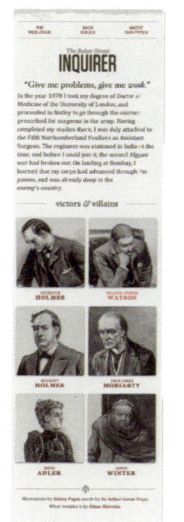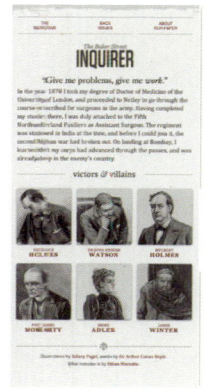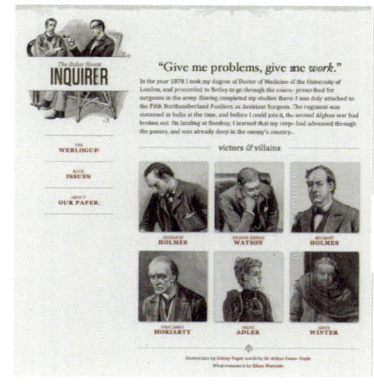

그림 4 이단 마콧이 《어 리스트 어파트》에 기고한 글에서 제시한 반응형 레이아웃의 예(http://ɔkaprt.com/rrd/0-08/)

　이단 마콧이 여러 가지 웹 표준 기술을 기발한 방식으로 조합해 만든 기법을 활용하면 서로 다른 디바이스에 대한 비주얼 레이아웃을 지속 가능한 방식으로 제공할 수 있다. 이전에도 비슷한 기법이 있었지만, 다양한 디바이스를 대상으로 제공되는 웹사이트나 애플리케이션을 제작할 때 반드시 고려해야 할 속성으로 반응형 레이아웃을 강조한 것은 마콧이 처음이다. 이런 레이아웃은 시작에 불과하다. 뷰포트뿐만 아니라 디바이스의 수많은 기능을 지원하고, 복잡한 인터페이스에서도 접근성을 유지하며, 네트워크를 통해 애셋asset을 전달하는 방식도 발전시켜야 한다.

　트렌트 월턴Trent Walton은 자신의 글 "장치 애그노스틱Device Agnostic"에서 "자동차를 만들 때 사막이나 빙판길과 같은 혹독한 환경에서도 운행할 것을 염두에 두고 설계하듯이, 웹사이트를 제작할 때도 본질적으로 다양성을 가질 수밖에 없는 웹의 현실을 직시해 설계해야 한다"(http://bkaprt.com/rrd/0-09/)고 이야기했다. 다행스럽게도 반응형 레이아웃은 성능이나 상호작용성, 접근성 측면에서 반응형으로 만드는 데 어느 정도 기여를 한다.

반응형과 책임형

웹사이트를 접근 범위도 넓고 사용하기도 편하고 지속적으로 발전할 수 있도록 제작하기 위해서는 반응형 디자인 원칙에 책임감 있는 개발 원칙responsible practice을 몇 가지 더 보완할 필요가 있다. 따라서 책임감 있는 반응형 디자인responsible responsive design을 실현하기 위해서는 프로젝트 전 과정에 걸쳐 다음과 같은 사항을 고려해야 한다.

- 사용성usability   웹사이트의 사용자 인터페이스(UI)가 사용자에게 제공되는 방식과 브라우징 조건이나 사용자의 상호작용에 따라 UI가 대응하는 방식
- 접근성access   웹사이트에서 제공하는 기능과 콘텐츠를 다양한 종류의 디바이스나 브라우저, 보조 기술assistive technology(장애인 보조 기술)을 통해서도 그대로 접근할 수 있는지를 나타내는 특성
- 지속성sustainability   현재 나와 있는 디바이스뿐만 아니라 향후 등장할 디바이스나 브라우저, 사용자도 계속해서 사용할 수 있는 특성
- 성능performance   사용자 입장에서 느껴지는 웹사이트의 기능 및 콘텐츠의 전달 속도 그리고 UI에서 이를 처리하는 과정의 효율성

그림 5 윈도우 8은 터치 패드나 마우스, 키보드 등의 다양한 입력장치를 지원한다. 사진 : 칼리스 담브란스Karlis Dambrans (http://bkaprt.com/rrd/0-10/)

책의 제목을 '스콧의 인터넷 입문서'로 바꿔야 할 정도로 고려할 것이 상당히 많다. 이번에는 책임감 있게 제작하는 과정에서 부딪히는 여러 가지 문제점에 대해 자세히 살펴보자.

사용성을 고려한 디자인 : 센서, 입력 메커니즘, 상호작용성

웹사이트를 제작할 때 마우스 하나만 신경 쓰면 그만인 시절은 이미 지나갔다(그랬던 적이 있었는지조차 희미하다). 이제는 스마트폰이나 태블릿, 노트북을 비롯한 다양한 모바일 디바이스에서 제공하는 터치 인터페이스나 키보드, 스타일러스 등 여러 가지 입력장치를 모두 지원해야 한다. 현재 나와 있는 모든 디바이스는 터치 인터페이스를 지원하고 있다. 예를 들어 윈도우 8 운영체제(OS)는 태블릿과 노트북 모두에서 터치 인터페이스 기능을 지원한다(그림 5). 또

그림 6 마이크로소프트의 키넥트는 전신 움직임을 감지하는 기능을 제공하는데, 이를 통해 향후 웹에 적용될 상호작용 모델의 형태를 엿볼 수 있다. 사진 : 스콧과 일레인 판데르히스 Scott and Elaine van der chijs (http://bkaprt.com/rrd/0-11/)

마이크로소프트의 키넥트 Kinect 는 공중에서 움직이는 손과 팔의 제스처를 인식한다(그림 6). 이런 새로운 형태의 입력 방식을 감안하면 예전처럼 마우스 커서만으로 상호작용한다고 가정해서는 안 될 것이다. 다양한 디바이스에서 사용하고 있는 여러 가지 입력 메커니즘에 대응하도록 인터페이스를 제작해야 한다.

네이티브 애플리케이션의 풍부하고 강력한 기능에 비해 웹에서 제공하는 API Application Program Interface 는 매우 빈약한 경우가 많다. 실제로 이런 격차는 웹 기반 애플리케이션을 구축하는 데 걸림돌이 되곤 한다. 다행히 상당수의 브라우저는 GPS 위치, 연락처, 달력, 알림, 파일 시스템, 카메라와 같은 기본 OS에서 제공하는 다양한 기능에 쉽게 접근할 수 있도록 해주고 있다. 이런 기능은 표준으로 정해진 것이어서 플래시나 자바처럼 브라우저 호환성을 떨어뜨리는 플러그인을 따로 설치하지 않아도 모든 브라우저가 똑같은 방식으로 로컬 디바이스 기능에 접근할 수 있다. 또한 디바이스에 장착된 센서에서 제공하는 근접도, GPS, 가속도, 배터리 잔량, 주변광 등과 같은 정보를 브라우저의 로컬 데이터 API로 접근하는 기능도 갈수록 향상되고 있다. 새로운 기능이 추가될수록 웹 플랫폼의 기반은 더욱 확고해진다.

접근성을 고려한 디자인 : 보조 기술 및 크로스 디바이스 연속성

디바이스를 출시할 때 보조 기술과 관련된 기능을 기본으로 갖추어야 하는 경우가 늘고 있다. 따라서 웹사이트를 제작할 때 시각적이지 않은 방식으로 콘텐츠를 브라우징할 수 있는 기능도 마련해야 한다. 애플에서 출시하는 모든 종류의 컴퓨터 및 iOS 디바이스는 보이스오버VoiceOver라는 화면 낭독 소프트웨어(스크린 리더screen reader)를 브라우저의 표준 기능으로 제공하고 있다. 이 기능은 페이지에 담긴 내용을 읽어줄 뿐만 아니라 제스처를 통해 다른 페이지로 이동할 수도 있다. 이런 멀티터치 로터-제스처 시스템multitouch rotor-gesture system은 제목heading이나 링크link와 같은 웹 요소를 탐색할 수도 있다. 이런 점을 감안하면 콘텐츠에 사용하는 마크업은 더욱 신중하게 고민해서 작성해야 한다(그림 7).

　보조 기술은 영구 장애를 가진 사람만을 위한 것은 아니다. 특수한 상황에서 음성과 오디오의 보조 기능을 이용해 편리하고 안전하게 상호작용하려는 사람은 누구나 사용할 수 있다. 현재 가장 널리 사용되고 있는 화면 낭독 프로그램은 애플의 시리Siri를 들 수 있다. (운전할 때처럼) 일시적으로 화면을 보지 못하는 상황이거나 터

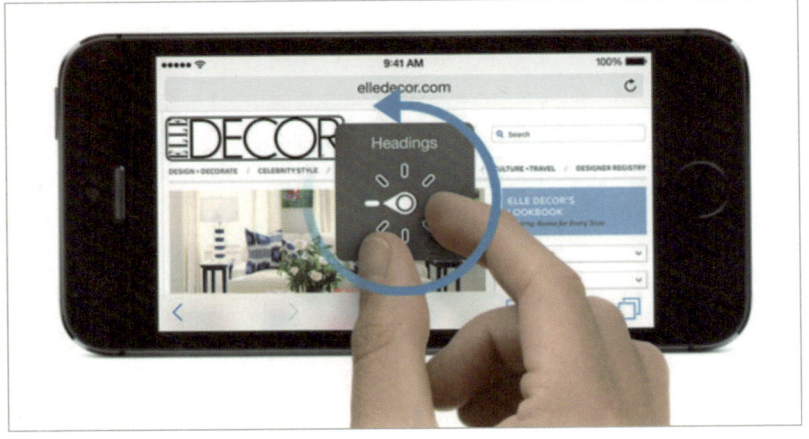

그림 7 아이폰에서 제공하는 보이스오버 로터(http://bkaprt.com/rrd/0-12/)

치 패드를 타이핑하는 것보다 음성으로 입력하는 것이 좀더 편한 사람들이 많이 사용한다. 웹 애플리케이션이 계속해서 기존 OS가 담당하던 영역에 깊숙이 침투할수록 시리와 같은 소프트웨어의 활용도는 더욱 높아질 것으로 전망된다.

　이와 같이 특수한 상황에서 편리한 사용자 경험을 제공하는 경우뿐만 아니라 여러 디바이스를 오가면서 콘텐츠를 일관성 있게 접근하는 사례 또한 늘고 있다는 점도 고려해야 한다. 2012년 구글에서 발표한 "새로운 멀티스크린 시대The New Multi-Screen World"에 따르면 사람들이 하루에 사용하는 디바이스 수는 여러 개이며, 그중 대다수는 한 가지 작업을 처리하기 위해서라고 한다(그림 8). 이 자료에 의하면 쇼핑몰 사용자의 65퍼센트 정도는 휴대용 디바이스로 장바구니에 물품을 추가했다가 나중에 결제할 때는 노트북에서 한꺼번에 처리한다고 한다. 이는 전 과정을 휴대폰으로 처리할 경우 중간에 걸려오는 전화로 결제가 끊길 수 있고, 또 어떤 사람은 키보드로 결제하는 것을 더 선호하기 때문이기도 하다. 구체적인 이유

그림 8 2012년 구글에서 발표한 '새로운 멀티스크린 시대'(http://bkaprt.com/rrd/0-13/)

가 무엇이든 기준은 항상 사용자에게 맞춰야 한다.

브라우저 : 새옹지마

구글의 크롬이나 모질라의 파이어폭스 이외에 인터넷 익스플로러도 가세해 서로 새로운 기능을 먼저 추가하며 앞서 나가기 위해 경쟁하고 있다. 반면 현재 시중에서 판매, 사용하고 있는 디바이스 중 상당수는 지금은 더 이상 개발되지 않는 오래된 브라우저에 발목 잡혀 있다. 예를 들어 현재 주로 탑재되는 안드로이드 OS 버전에 비해 두 버전 이상 뒤처진 브라우저를 사용하거나, 2011년 이후로 업데이트되지 않은 브라우저를 탑재하고 있는 경우가 매우 많다(http://bkaprt.com/rrd/0-14/). 나처럼 숙련된(이라 쓰고 늙은이라 읽는) 개발자들은 이를 보며 예전에 인터넷 익스플로러 6(IE6)이 왕좌를 내주게 되었던 상황을 떠올릴 것이다. 아쉽게도 브라우저 버전을 장기적으로 지원하는 일은 새로운 플랫폼 출시나 우선순위가 높은 다른 작업에 밀려 기존 사용자들을 외면하기 쉽다.

이런 브라우저 락인cck-in 현상은 여러 가지 이슈를 불러일으키기

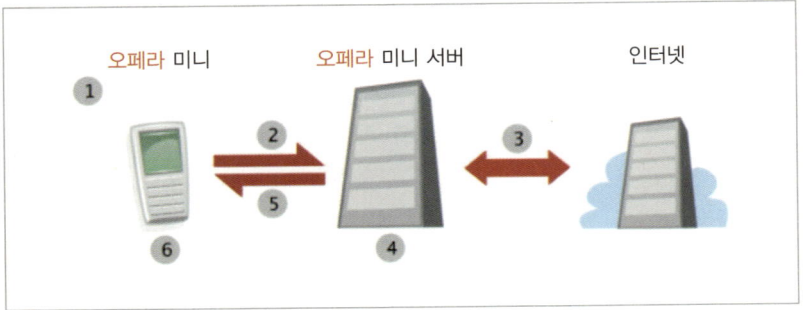

그림 9 오페라 미니 브라우저의 웹 페이지 처리 과정을 보여주기 위해 오페라에서 제공하는 인포그래픽 (http://bkaprt.com/rrd/0-15/)

도 하지만 때로는 새로운 기회가 되기도 한다. 자신이 사용하는 플랫폼에 적합한 다른 브라우저를 검색하다 보면 간혹 뛰어난 기능과 매력을 제공하는 브라우저를 발견하기도 한다. 예를 들어 웹페이지 로딩 속도가 빠르고 데이터 사용량을 최소화하기를 원하는 (오타쿠 같은) 사용자 중에는 오페라 미니Opera Mini를 사용하는 사람들이 꽤 있다. 이 브라우저는 웹 콘텐츠를 원격 프록시 서버를 통해 가져오는데, 이때 서버는 페이지의 다운로드 크기를 최적화해서 보내준다(그림 9). 이런 프록시 기반 브라우저는 자바스크립트를 이용한 상호작용 기능을 최소한만 제공하거나 아예 제공하지 않기도 한다. 재미있는 점은 예전에 기본적인 HTML 처리 기능만 갖춘 오래된 브라우저에 적용되던 디자인 원칙이 최근 등장한 프록시 기반 브라우저 구동에 큰 도움이 되고 있다.

성능 우선순위 정하기 : 네트워크, 크기, 성능에 미치는 영향

모바일 네트워크와 관련된 전반적인 기술은 느리게나마 향상되고 있지만, 네트워크 관련 제약 사항이나 문제점은 미묘하게 증가하고 있다. 네트워크 연결 상태는 선진국에서조차 일정하지 않아 지연 시간이 발생하곤 한다. 높은 성능을 보장하려면 웹 페이지의 애셋을 전달하는 방법에 대해 깊이 생각해야 하는데, 보내려는 애셋의 크기와 개수를 줄이거나 콘텐츠 접근에 제약이 되는 잠재적인 요인을 제거해야 한다.

사용하지 않는 코드를 그대로 남겨두면 사용자의 시간과 비용을 낭비하게 된다. 이런 요소를 제거함으로써 성능을 높일 수 있는 여지가 많아진다. 2013년 4월 가이 포자르니Guy Podjarny는 "반응형 웹사이트의 구성 요소는 무엇인가?What are Responsive Websites Made Of?"라는 포스팅에서 500개의 반응형 웹사이트의 파일 전송 크기를 분석한 결과, 86퍼센트가 뷰포트 크기에 거의 육박하는 애셋을 전송한다고 했다(http://bit.ly/2m7XXif). 예를 들어 웹사이트에서 사용하는 이미지를 최적화하지 않은 채 고해상도의 이미지를 그대로 전달해 작은 화면에 맞추는 작업은 그냥 브라우저가 알아서 처리하며, 심지어 특정한 문맥에서만 사용하는 CSS나 자바스크립트와 같은 애셋도 무조건 전달하는 경우가 많았다.

물론 웹 페이지가 갈수록 무거워짐으로써 발생하는 문제는 반응형 디자인 과정에서만 발생하는 것은 아니다. 고정폭 방식fixed-desktop으로 디자인할 때도 이런 문제가 심각하다. 2014년 4월 평균 웹사이트 용량은 1.7메가바이트 수준으로 급격히 증가했다(그림 10).[2]

최적화가 되지 않은 무거운 웹사이트는 사용자 입장에서 볼 때 로딩 시간이 길다. 2012년 알렉사Alexa 상위 2000 사이트에 대한 스트레인지루프 네트웍스StrangeLoop Networks의 설문조사에 의하면 와이파이로 연결된 인터넷 익스플로러 7에서 측정한 평균 로딩 시간은

---

2 과거 및 현재 수치는 http://bit.ly/2Q5DCqL 참고

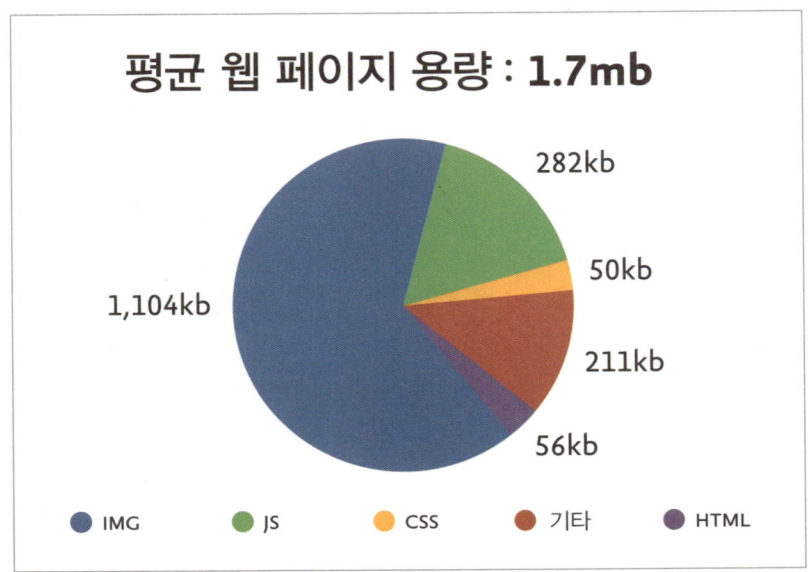

그림 10　2014년 4월 평균 웹사이트 용량(http://bkaprt.com/rrd/0-17/)

6초에서 10초에 이른다(모바일에서는 얼마나 더 느릴지 말하지 않아도 알 수 있다)(그림 11). 이렇게 형편없는 성능으로 인한 피해는 사용자에게 고스란히 전달되고, 결국 사업에 영향을 미칠 수밖에 없다. 2012년 월마트에서 진행한 조사에서는 로딩 시간을 1초씩 줄일 때마다 전환율 Click conVersion Rate : CVR은 2퍼센트나 증가했고, 로딩 시간이 100밀리세컨드 감소할 때마다 증분수익 incremental revenue은 1퍼센트씩 증가했다.

　또한 셀룰러 네트워크의 속도와 안정성 문제는 여전히 모바일을 사용하는 데 발목을 잡고 있으며, 데이터 비용 면에서도 상당한 부담으로 작용하고 있다. 2014년 미국의 애플 스토어에서 아이폰을 구매할 경우 가장 저렴한 버라이즌 요금제가 월 60달러였는데, 여기서 제공하는 데이터는 고작 250메가바이트였다. 웹 페이지의 평

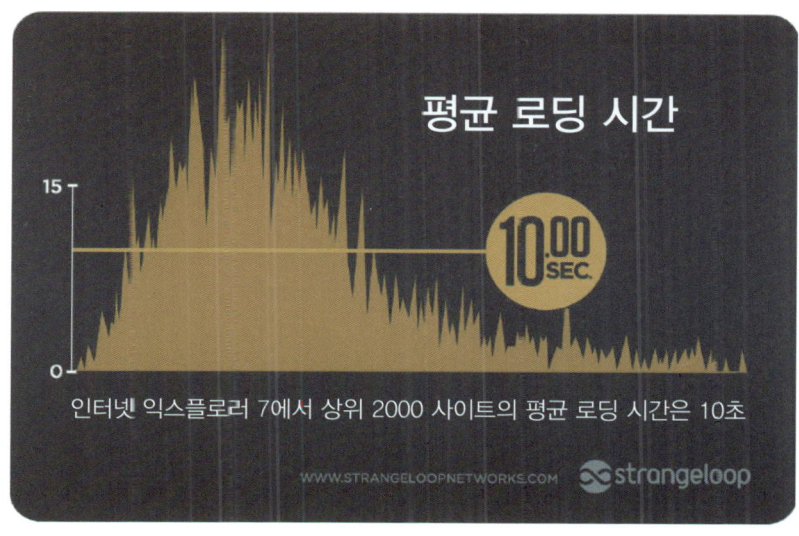

그림 11 사이트의 전송량은 로딩 시간에 영향을 미친다.

균 용량이 1.7메가바이트라면 한 달 데이터 용량은 순식간에 모두 사용하게 될 것이다.

네트워크를 책임감 있게 사용하는 것만으로도 성능을 크게 높일 수 있다. 따라서 이 책에서는 웹사이트의 응답 속도를 최대한 높일 수 있도록 전송량을 최소화하고, 코드 전달 과정을 최적화하는 방법에 대해 자세히 소개하도록 하겠다.

예측 불가능성 포용하기

웹은 원래부터 디자인 매체로 적합하지 않았다. 멀티 디바이스 사용이 증가함에 따라 낮은 대역폭과 작은 화면, 예측할 수 없는 화면 방향, 텍스트 기반 브라우저 지원 등과 같은 요인들은 더 이상 예외가 아닌 보편적인 현상이 되었다. 유연성을 고려하지 않은 디자인은 사용자에게 여러 가지 문제를 발생시키는데, 우리가 디자인하고 개발한 인터페이스의 상호작용 방식은 갈수록 그 예측이나 제어가 힘들어지고 있다.

이제는 웹사이트를 제대로 만들려면 아주 사소한 부분까지 응답성을 고려해 예상하지 못한 상황이 발생하더라도 유연하게 대처할 수 있도록 코드를 작성해야 한다. 이를 위해서는 기존의 사용 패턴뿐만 아니라 향후 발생 가능한 사용 패턴에 대한 모든 경우의 수를 고려해야 한다. 성능과 접근성, 사용성 및 지속성에 중점을 둔 반응형 웹사이트의 필요성은 누구나 인정하지만 이를 실현하는 것은 결코 쉬운 일이 아니다. 이 책에서는 반응형 디자인을 구현하는 과정에서 마주칠 수 있는 여러 가지 문제에 대해 자세히 살펴보고자 한다. 책임감 있는 개발 원칙과 패턴을 적용하면 브라우저의 기능이나 제약에 관계없이 발생 가능한 여러 가지 접근성 및 성능 관련 문제를 사전에 제거해 최적화된 사용자 경험을 제공할 수 있다.

이 책의 궁극적인 목표는 유쾌하고 폭넓은 경험을 제공하는 것이다. 그러나 이는 만만치 않은 목표다. 그럼 지금부터 웹사이트 제작 과정에서 직면하게 되는 여러 가지 어려움을 극복하는 방법에 대해 본격적으로 알아보도록 하자.

1

책임감 있는 디자인

> 반응형에 대한 내 애정의 근원은 내가 만든 웹사이트가 모바일 디바이스부터 막강한 성능의 데스크톱에 이르기까지 어디에서나 잘 보일 수 있게 하는 데 있다.
>
> – 트렌트 월턴, "크기 맞추기 Fit to Scale" (https://bkaprt.com/rrd/1-01/)

반응형 디자인의 핵심 요소(가변 그리드, 가변 이미지, 미디어 쿼리)는 크로스 디바이스 인터페이스 디자인에서 중요한 역할을 한다. 하지만 반응형 디자인이 의존하고 있는 기능을 가만히 들여다보면 예상과 다르게 작동하거나 전혀 작동하지 않을 가능성이 있다. 웹사이트는 사용자의 예상치 못한 행동이나 네트워크 상태, 특이한 사용에도 잘 대처할 수 있어야 한다.

이 장에서는 책임감 있는 원칙 중 사용성과 접근성에 대해 집중적으로 분석하고자 한다. 지속적인 코드를 작성하기 위한 구체적인 구현 기법에 대해 다루기 전에 거시적인 관점에서 몇 가지 사항부터 살펴보도록 하겠다. 그럼 먼저 디자인부터 이야기해보자.

사용성을 고려해 디자인하기

반응형 디자인에서 사용성을 고려할 때 화면 크기와 디바이스 종류가 다양한 환경에서 콘텐츠와 기능을 어떻게 표현해야 할지에 대해 고민한다. 이 과정에서 화면 공간이 부족하다면 인터페이스 요소가 콘텐츠에게 자리를 양보해야 할지, 입력 모드가 바뀌더라도 인터페이스 요소들이 직관적으로 작동하는지, 콘텐츠와 계층 구조가 파싱하기 쉽도록 구성되었는지, 화면 크기가 달라져도 가독성을 해치지 않도록 한 줄의 길이가 적절히 설정되었는지 등을 고려한다.

최대한 빨리 브라우저로 표현하기

> '브라우저에서 디자인한다'는 표현 대신 '브라우저에서 결정한다'라고 표현을 바꾸자.
> – 댄 몰Dan Mall, '더 패스트리 박스 프로젝트The Pastry Box Project'(http://bit.ly/2keg99m)

필라멘트 그룹에서 진행하는 프로젝트는 대부분 어도비 일러스트레이터Adobe Illustrator로 시작하는데, 이 과정에서 시각적인 디자인 콘셉트라는 큰 그림을 그리는 작업을 반복한다. 어느 정도 윤곽이 결정되면 최대한 빨리 코드로 표현한다. 이때 다양한 뷰포트에 대한 레이아웃과 상호작용 방식을 검토하기 충분한 수준에서 최소한의 요소만으로 인터페이스를 구성한다. 다양한 디바이스에서 웹사이트가 어떻게 표현되는지에 대한 감을 잡을 정도면 충분하다. 다양한 입력 메커니즘과 브라우저에서 지원하는 기능에 따라 인터페이스의 각 기능들이 구체적으로 반응하는 방식이나 주어진 뷰포트 크기에 대해 레이아웃을 맞추는 방식 등과 같은 결정은 나중으로 미룬다. 이 단계의 핵심 목적은 최대한 빨리 브라우저에서 표현함으로써 디자인과 상호작용 방식에 관련된 사항을 실제로 웹사이트를 조작할 수 있는 환경에서 결정하는 데 있다. 이렇게 함으로써 최대한 클라이언트 입장에 가까운 개선 사항을 도출할 수 있다.

중단점 찾기

미디어 쿼리를 통해 가변^{fluid} 레이아웃의 형태가 다르게 바뀌는 시점의 뷰포트 크기를 중단점^{breakpoint}이라고 부른다. 다음과 같이 두 가지 예를 살펴보자.

```
/* 첫 번째 중단점 */
@media (min-width: 520px){
    폭이 520px 이상인 스타일을 여기에 작성한다.
}
/* 두 번째 중단점 */
@media (min-width: 735px){
    폭이 735px 이상인 스타일을 여기에 작성한다.
}
```

디자인 초기 단계부터 중단점을 지정하고 싶은 유혹에 빠지기 쉽다. 예를 들면 지원 대상 디바이스 중에서도 특히 인기 있는 디바이스 크기^{dimension}를 기준으로 정하고 싶을 수도 있다. 하지만 이 단계에서는 절대로 중단점을 지정해서는 안 된다. 대신 콘텐츠를 기준 삼아 중단점이 될 만한 것들을 찾기만 해야 한다.

먼저 작은 화면에서 출발해 서서히 키워가다 보면 쓰레기처럼 보이는 시점이 나타난다. 그때 중단점을 지정한다.

– 스티븐 헤이 Stephen Hay (http://bkaprt.com/rrd/1-03/)

레이아웃의 디자인과 콘텐츠는 모양을 잘 유지하면서 레이아웃의 중단점을 알려주어야 한다. 스티븐 헤이가 언급한 바와 같이 중단점을 찾는 가장 쉬운 방법은 콘텐츠를 읽거나 사용할 때 화면이 일그러지거나 깨질 때까지 브라우저의 뷰포트 크기를 계속 변경하는 것이다. 그러다 보면 중단점이 '짠' 하고 나타난다.

이렇게 감으로 찾는 방법보다 좀더 객관적인 가이드라인을 원한다면 리처드 루터 Richard Rutter가 로버트 브링허스트 Robert Bringhurst에게 경의를 표한 글 "웹을 위한 타이포그래픽 스타일 요소 The Elements of Typographic Style Applied to the Web"(http://bkaprt.com/rrd/1-05/)에 나온 기준을 따르면 된다. 이 글에 의하면 한 칼럼의 텍스트에서 한 줄에 담긴 글자 수가 공백을 포함해 45자에서 75자 사이일 때가 가독성이 가장 높다고 한다(그림 1.1). 레이아웃의 크기를 점점 키우면서 한 칼럼의 텍스트가 이 범위에서 벗어나는지 살펴본다. 바로 그 시점에서 레이아웃을 조정하면 된다.

복잡한 반응형 디자인 작업을 할 때 중단점이 레이아웃의 여러 영역에서 다양한 시점에 나타나는 경우가 많다. 또 어떤 중단점은 다른 것보다 더 두드러지는데, 이를 '주요 Major' 중단점이라고 한다.

'주요' 중단점에서는 화면의 변화 폭이 크다. 예를 들면 칼럼들이 추가되거나 하나 이상의 요소에 대한 표현에 변화가 일어난다. 반면 '하위 minor' 중단점은 (예를 들면 한 요소의 font-size가 변해서 글자가 그 요소에서 벗어나는 것처럼) 디자인의 일부분에서만 변화가 일어나며, 주요 중단점 사이의 주어진 공간에서 벗어나지 않는다. 내 경험에 따르면 레이아웃에 대한 주요 중단점은 개발 초기 단계에서 결정

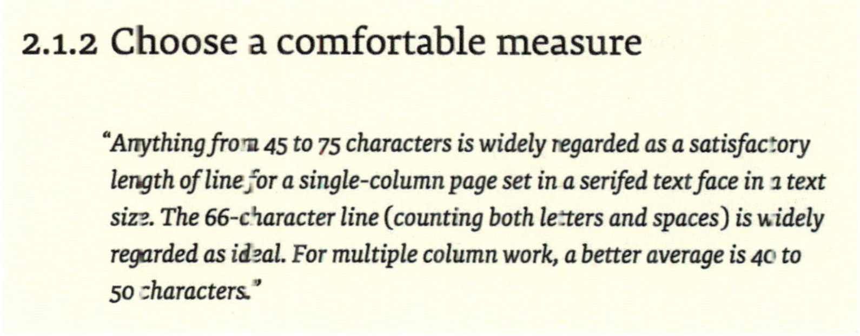

2.1.2 Choose a comfortable measure

"Anything from 45 to 75 characters is widely regarded as a satisfactory length of line for a single-column page set in a serifed text face in a text size. The 66-character line (counting both letters and spaces) is widely regarded as ideal. For multiple column work, a better average is 40 to 50 characters."

그림 1.1 한 줄이 70자로 구성되어 읽기 편하다(http://bkaprt.com/rrd/1-04/).

되는 반면, 하위 중단점은 최종 마무리 작업 과정에서 결정되는 편이다. 중단점의 개수가 적을수록 반응형 디자인을 관리하기 쉽다.

예를 들어 《보스턴 글로브Boston Globe》 웹사이트에는 두세 개의 주요 중단점이 있는데, 컴포넌트가 복잡할수록 더 자주 깨진다. 이 웹사이트의 마스트헤드masthead 컴포넌트는 주요 중단점이 네 개이며, 텍스트 래핑을 방지하기 위해 미세하게 조정하는 작업을 하기 위한 하위 중단점도 몇 개 지정하고 있다(그림 1.2).

모듈 방식으로 디자인하기

마스트헤드의 예에서와 같이 모듈화된 컴포넌트에 관한 다양한 설정을 한데 모아두면 도움이 된다. 이같이 하면 다양한 컴포넌트 설정에 대한 사용성 테스트나 문서화 작업을 한곳에서 처리할 수 있다. 패러벨Paravel의 개발자인 데이브 루퍼트Dave Rupert는 "반응형 결과물Responsive Deliverables"이라는 포스트(http://bkaprt.com/rrd/1-06/)에서 이 개념에 대해 자세히 설명하고 있다. 그는 "반응형 결과물deliverables은 완전한 기능을 갖춘 트위터의 부트스트랩처럼 고객의 입맛에 맞춰진 시스템처럼 보여야 한다"고 했다(http://bkaprt.com/rrd/1-07/). 다

 주요 중단점

첫 번째 중단점: 내비게이션과 검색 버튼이 탭에 표시된다.

 주요 중단점

두 번째 중단점: 로고가 왼쪽으로 이동하면서 내비게이션 영역이 좌우로 분할된다.

 주요 중단점

세 번째 중단점: 로고가 다시 중앙으로 이동하며 검색창이 항상 표시된다.

 주요 중단점

네 번째 중단점: 검색창이 로고 왼쪽으로 이동하고 내비게이션 영역이 확장된다.

 하위 중단점

다섯 번째 중단점: 검색창이 넓어지고 좌측 상단에 여러 섹션에 대한 링크가 항상 표시된다.

그림 1.2 《보스턴 글로브》의 마스트헤드에 대한 주요 중단점과 하위 중단점

시 말해서 컴포넌트를 제작할 때 뼛속까지 완전히 파악해서 만들고 문서화해 다른 모듈과 원활하게 연동되는 독립적인 개체로 만들어야 한다는 것이다.

콘텐츠는 유지하고, 노이즈는 줄이고

지금까지 다양한 크기의 뷰포트에서 수평적 중단점^{horizontal breakpoint}을 찾는 방법에 대해 살펴보았다. 그렇다면 콘텐츠를 최대한 그대로 유지하면서 작은 화면에 맞추려면 어떻게 해야 할까? 단순히 지

저분한 상황만 피하기 위해 콘텐츠의 일부를 숨기는 방식으로 처리하는 일부 사이트 때문에 반응형 디자인은 그동안 부당한 평가를 받아왔다. 처음부터 포함시킬 정도로 매우 중요한 콘텐츠마저 접근할 수 없게 만들었기 때문이다. 일부에게 유용한 것이라면 다른 모든 사람에게도 유용할 가능성이 높다는 사실을 명심해야 한다. 루크 로블르스키Luke Wroblewski가 쓴 《모바일 우선주의Mobile First》에서 말하듯 화면에 표시하기 힘든 콘텐츠를 단순히 숨기기보다는 작은 뷰포트에서 사용성을 최대한 유지하도록 디자인을 재구성하는 것이 가장 좋다.

다행히 작은 화면이라는 제약 사항을 흥미롭고 직관적이며 책임감 있는 방식으로 대처할 수 있는 디자인 패턴이 다양하게 나와 있다.

점진적 공개

이런 패턴 중 하나는 '점진적 공개progressive disclosure'로, 거창한 표현이지만 콘텐츠를 온디맨드on-demand 방식[1]으로 보여주는 것이다. 여기서 확실히 구분해야 할 점은 숨기는 것이 무조건 나쁘지만은 않다는 것이다. 숨겨진 내용을 사용자가 볼 수 있는 방법이 없다는 것이 나쁠 뿐이다. 점진적 공개 패턴의 핵심 원리는 간단하다. 콘텐츠의 일부를 숨길 때 인터페이스 큐cue도 함께 제공해 사용자가 원한다면 언제든지 볼 수 있게 하는 것이다(**그림 1.3**).

점진적 공개의 가장 대표적인 예는 **그림 1.3**과 같이 간단히 보여주거나 숨기는 형태다. 이때 콘텐츠를 시각적으로 토글하는 방식은 매우 다양하다. 예를 들어 지도에서 속성을 보여주는 컴포넌트를 탭하거나 클릭하면 3D 플립 방식으로 주소나 위치 정보 등과 같은

---

1 콘텐츠를 필요한 시점에 보여주는 방식

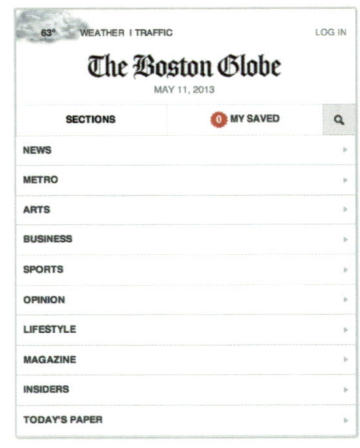

그림 1.3 《보스턴 글로브》의 내비게이션은 작은 뷰포트 화면에 점진적 공개 패턴을 적용해 만들었다.

속성에 대한 부가 정보를 보여준다(그림 1.4). 3D CSS 애니메이션을 지원하지 않는 브라우저를 사용할 경우 사용자는 애니메이션 없이 지도를 토글할 수 있으며, 이때 지도 화면은 그대로 유지한 채 속성 정보를 그 위에 표시한다. 작은 화면에 맞추는 과정에서 복잡도를 최소화하기 위한 또 다른 기법으로 '오프 캔버스 레이아웃off-canvas layout'이라는 패턴이 있다. 이는 루크 로블르스키가 "오프 캔버스 멀티 디바이스 레이아웃Off-Canvas Multi-Device Layouts"이라는 글에서 처음 소개한 것이다(http://bkaprt.com/rrd/1-08/). 로블르스키는 사용자가 메뉴 아이콘이나 유사 항목을 탭해 숨겨둔 컴포넌트를 불러오기 전까지 우선순위가 낮은 인터페이스 컴포넌트를 화면 밖에 두기 위한 여러 가지 패턴에 대해서도 문서로 남겼다. 이렇게 사용자가 큐

그림 1.4 3D 플립 방식으로 상세 정보를 점진적으로 보여주는 예

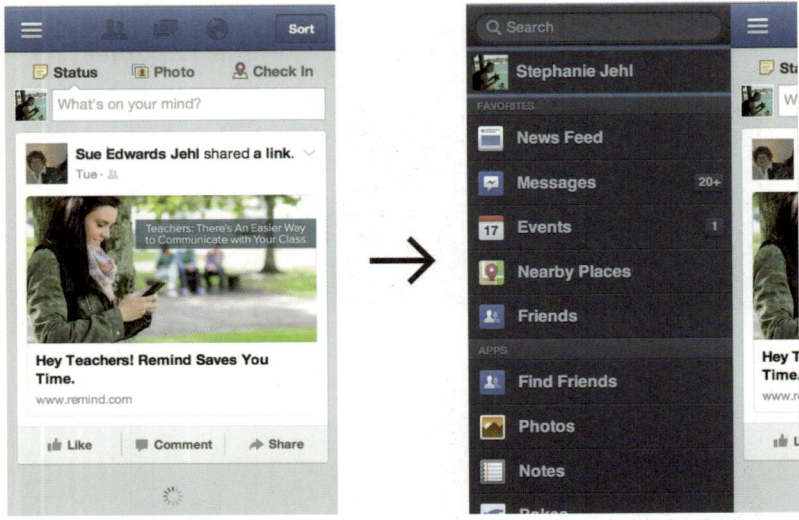

그림 1.5 페이스북 앱에서 메뉴 아이콘을 탭하면 캔버스 밖에 있던 내비게이션이 화면 왼쪽 가장자리부터 나타나는 모습

를 통해 화면 밖에 숨겨져 있던 콘텐츠를 불러오면 그 내용이 다시 뷰포트 안으로 들어오면서 메인 콘텐츠를 밀어내거나 그 위에 덮어씌우는 방식으로 표시할 수 있다(그림 1.5). 이런 온디맨드 방식은 작은 화면용 레이아웃에서 흔히 사용된다.

반응형 테이블

테이블 형태의 데이터는 작은 화면에 표시하기 가장 까다로운 콘텐츠 유형 중 하나다. 사용자는 행과 열의 제목과 테이블 셀의 내용을 동시에 보아야 하는 경우가 많은데, 이렇게 하기 위해서는 화면이 작더라도 여러 행과 열을 모두 집어넣어야 한다(그림 1.6).

필라멘트 그룹은 여러 프로젝트를 진행하면서 제이쿼리jQuery 모바일 프레임워크에 추가해도 될 정도로 잘 작동하는 몇 가지 패턴

그림 1.6 큰 테이블을 작은 화면에 표시하는 과정에서 사용성의 문제가 발생할 수 있다.

을 발견했다. 그중 하나는 리플로Reflow라는 패턴으로(http://bkaprt.com/rrd/1-09/), 여러 열로 구성된 테이블 뷰를 리스트 뷰 형태로 재구성하는 것이다. 즉 각각의 셀을 하나의 행으로 만들고 행의 제목은 그 왼쪽에 두는 방식이다(그림 1.7).

이 리플로 패턴을 구현하기 위해 CSS로 테이블의 각 셀에 display:block을 설정해서 한 행을 새로 만들고, 자바스크립트로 각각의 테이블 열의 제목을 수집해 각 셀의 레이블에 삽입했다(부가적인 레이블은 보이지 않게 숨겼다). 리플로 패턴은 포맷을 지정한 리스트처럼 작동하는 간단한 테이블에 적합하지만 이를 작은 화면에 표현하다

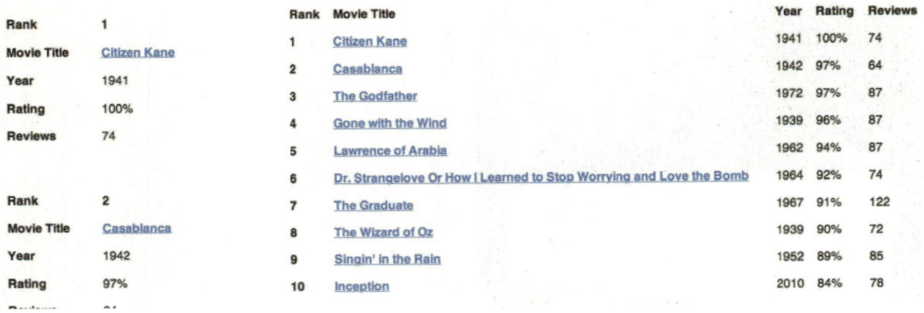

Rank	1
Movie Title	Citizen Kane
Year	1941
Rating	100%
Reviews	74

Rank	2
Movie Title	Casablanca
Year	1942
Rating	97%

Rank	Movie Title	Year	Rating	Reviews
1	Citizen Kane	1941	100%	74
2	Casablanca	1942	97%	64
3	The Godfather	1972	97%	87
4	Gone with the Wind	1939	96%	87
5	Lawrence of Arabia	1962	94%	87
6	Dr. Strangelove Or How I Learned to Stop Worrying and Love the Bomb	1964	92%	74
7	The Graduate	1967	91%	122
8	The Wizard of Oz	1939	90%	72
9	Singin' in the Rain	1952	89%	85
10	Inception	2010	84%	78

그림 1.7 제이쿼리 모바일의 리플로 테이블 패턴을 적용해 동일한 테이블을 폭이 좁은 화면과 폭이 넓은 화면에 표시한 예

보니 여러 행에 나온 데이터 포인트를 비교하는 작업을 하기에는 불편하다.

또 다른 패턴인 칼럼 토글Column Toggle(http://bkaprt.com/rrd/1-10/)을 이용하면 리플로 패턴의 부족한 점을 보완할 수 있다. 이 패턴은 수평 공간이 허용하는 범위 내에서 테이블의 열을 최대한 표시한다. 더 이상 공간이 없으면 CSS를 통해 열 데이터를 숨기지만, 메뉴는 기존 CSS를 재정의하고 숨겨진 열을 표시할 수 있는 기회를 사용자에게 제공하므로 결국 테이블은 수평 스크롤이 가능할 정도로 넓어진다(그림 1.8).

이 밖에도 테이블 형태의 콘텐츠를 책임감 있게 표시하기 위한 패턴은 여러 가지가 있다. 좀더 다양한 예를 보고 싶다면 브래드 프로스트Brad Frost가 진행하는 반응형 패턴Responsive Patterns 프로젝트(http://bkaprt.com/rrd/1-11/)를 참고하기 바란다. 공간이 부족할 때 메뉴 형태로 축소되는 수평 내비게이션horizontal navigation 컴포넌트부터 복잡한 페이지 레이아웃을 처리하는 CSS-플렉스박스로 구성된 그리드CSS-Flexbox-driven grid에 이르기까지 다양한 패턴을 볼 수 있다.

그림 1.8 제이쿼리 모바일으 칼럼 토글 테이블 패턴을 적용해 동일한 테이블을 폭이 좁은 화면과 폭이 넓은 화면에 표시 한 예

터치와 다양한 인터페이스를 고려해 디자인하기

반응형 레이아웃은 한 단계로 구성된다. 다른 크기의 화면으로 넘어가는 동작을 아무리 아름답게 표현할 수 있다고 해도 사용자가 그것을 사용할 수 없다면 의미 없는 일이 된다. 화면이 작다고 터치만 사용하지는 않는다. 터치 이외의 다른 입력 메커니즘도 함께 제공하는 디바이스도 많다. 하지만 터치 기반 디바이스 사용자가 급격히 증가하면서 터치도 마우스, 포커스, 키보드와 같은 대표적인 인터페이스로 자리를 잡았다. 터치 입력 처리가 아무리 까다롭고 복잡하더라도 터치만을 위해 디자인 전체를 재구성할 필요는 없다. 오히려 그 반대이어야 한다. 책임감 있는 디자인의 장점 중 하나는 우리가 일상적으로 사용하는 도구만으로 충분히 제작할 수 있다는 점이다. 다음과 같은 두 가지 원칙을 적용하면 기존 마우스 기반으로 제작된 인터페이스의 한계를 단번에 날려버릴 수 있다.

- (hover와 같은) 마우스 전용 기능 위주로 작성된 콘텐츠도 마우스 포인터가 없는 브라우저에서 접근할 수 있게 만든다.
- 터치를 당연히 사용할 것이라고 가정하지 말고 옵션으로 사용할 수도 있다고 생각한다.

그럼 이런 원칙을 적용하는 방법에 대해 구체적으로 살펴보자.

호버는 단축키로 아껴두기

터치 인터페이스에서 볼 수 있는 가장 큰 변화 중 하나는 mouseover(또는 호버)가 없다는 점이다. 사실 터치를 사용하는 디바이스 중 상당수가 mouseover를 지원하지 않는 주된 이유는 데스크톱 환경에 맞게 제작된 웹사이트들이 터치 환경과는 잘 맞지 않아서 사용자가 접근할 수 없는 사용성의 문제가 발생하기 때문이다. 따라서 mouseover는 상호작용을 위한 주된 수단이 아닌 있으면 좋은 보조 기능으로 제공해야 한다.

대표적인 예로 캐나다 글로벌 뉴스 Global News 웹사이트의 내비게이션을 들 수 있다. 이 사이트는 업스테이트먼트 Upstatement에서 디자인하고, 필라멘트 그룹에서 개발했다(그림 1.9).[2] 사용자는 글로벌 내비게이션에 있는 링크를 클릭하거나 탭해서 'National, Locals, Watch' 섹션 등으로 이동할 수 있다. 또한 여기에 있는 링크는 스플릿 버튼 split-button 형태의 드롭 메뉴 drop menu로 구성되어 섹션 항목 위로 마우스포인트를 올리면 토글할 수도 있다. 터치스크린에서는 한 번 탭하는 것만으로 해당 섹션의 홈페이지로 곧바로 이동하기 때문에 메뉴 사이를 토글하고 중단점을 처리하기 위한 장치를 별도로 마련해야 했다. 이를 구현한 것이 바로 각 내비게이션 링크 옆

2 현재는 그림과 다른 모습으로 리뉴얼되었지만 스플릿 버튼은 그대로 유지하고 있다.

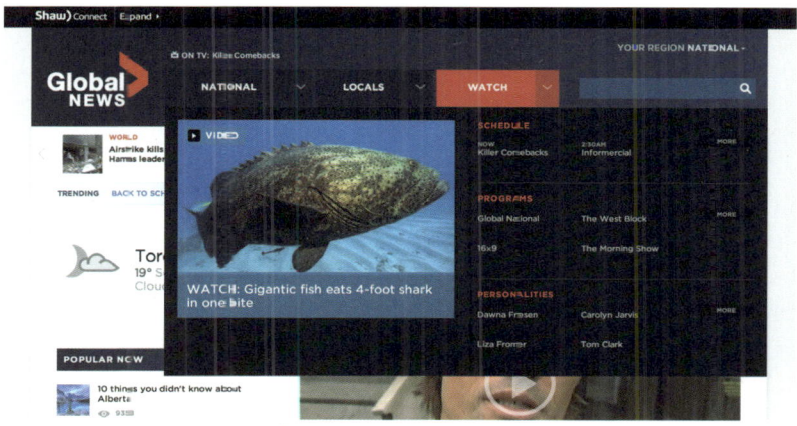

그림 1.9 터치와 mouseover를 모두 지원하도록 스플릿 버튼으로 구성한 캐나다 글로벌 뉴스(Global News.ca) 사이트의 첫 화면

에 있는 화살표 모양의 스플릿 버튼이다. 사용자가 이 버튼을 탭하거나 클릭하면 각각에 해당하는 드롭 메뉴가 나타난다.

터치는 기본

경험에 의하면 웹사이트에 접속하는 디바이스는 터치스크린이 있거나 없을 수도 있지만 항상 터치스크린을 사용한다는 가정하에 디자인해야 한다. 손가락은 정확도가 떨어진다. 그래서 버튼이나 링크 영역을 탭하기 좋게 확대해야 한다. 얼마나 크게 표현해야 할지에 대해서는 정해진 답이 없다. 참고로 애플에서는 사용 가능한 버튼의 최소 크기를 44×44픽셀로 제시하고 있다. 앤서니 T$^{Anthony\ T}$는 《스매싱 매거진$^{Smashing\ Magazine}$》에 실린 "손가락 친화형 디자인 : 이상적인 모바일 터치스크린 타깃 크기$^{Finger-Friendly\ Design\ :\ Ideal\ Mobile\ Touchscreen\ Target\ Sizes}$"에서 매사추세츠공과대학의 터치 랩$^{Touch\ Lab}$(http://bkaprt.com/rrd/1-12/)의 연구 결과를 소개했다. 그는 손가락으로 다루기에

그림 1.10 《스매싱 매거진》 기사에서 제시한 터치 영역의 크기 (http://bkaprt.com/rrd/1-13/)

이상적인 링크 크기는 45~57픽셀, 버튼은 72픽셀 정도로 애플보다 약간 크게 제시하고 있다. 이는 휴대용 디바이스 화면의 하단 영역에 있는 버튼과 비슷한 크기다(그림 1.10).

이때 공백 영역도 반드시 마련해야 한다. 터치할 요소 자체의 크기만큼이나 그 주변의 공간도 중요하다. 버튼이 아무리 작더라도 주변에 빈 공간을 마련하면 큰 버튼 못지않게 접근하기 쉽다. 따라서 버튼 영역을 탭하는 데 문제가 없다면 그 안의 버튼 크기는 시각적으로 얼마나 강조하고 싶은지만 고려하면 된다.

흔히 사용하는 제스처

터치스크린에서 상호작용하는 방법은 탭 이외에도 다양하다. 특히 네이티브 앱에서는 다양한 터치 제스처를 일상적으로 사용하고 있다. 크레이그 빌라모Craig Villamor, 댄 윌리스Dan Willis, 루크 로블르스키가 작성한 도표는 터치 인터랙션에서 흔히 사용하는 제스처를 보여주고 있다(그림 1.11).

그림 1.11의 제스처 중 상당수는 사용한 경험이 있을 것이다. 이런 제스처는 iOS를 비롯한 여러 디바이스 OS에서 많이 사용하고 있다. 브라우저에서는 이런 제스처와 함께 편의 기능을 기본적으

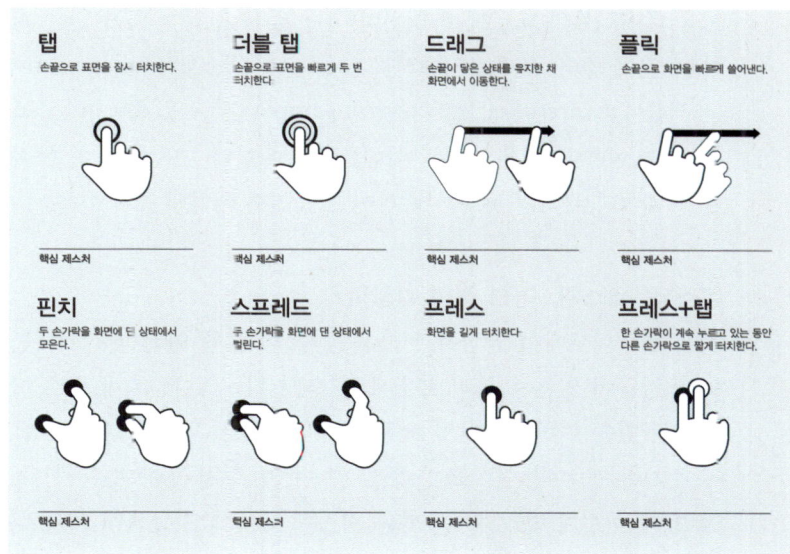

그림 1.11 터치 제스처(http://bkaprt.com/rrd/1-14/)

로 제공하는 경우가 많은데, 구체적인 동작은 디바이스마다 다르다. 물론 일부 제스처는 모든 디바이스에서 동일하게 작동하기도 한다. 예를 들면 iOS의 사파리에서 더블 탭^{double tap}이나 핀치^{pinch}, 스프레드^{spread} 동작은 브라우저를 일정한 영역에서 확대하거나 축소한다. 어떤 방향으로든 드래그하거나 플릭^{flick}하면 페이지를 스크롤할 수 있다. 또한 누르거나^{press} 길게 누르면^{touch-hold} 마우스 오른쪽 버튼을 클릭할 때 나타나는 것과 비슷한 콘텍스트 메뉴가 나타난다.

이런 네이티브 제스처를 어떻게 다루느냐에 따라 터치 인터페이스를 책임감 있게 개발하는 방식이 달라진다. 사용자는 웹에서 사용하는 제스처가 디바이스의 네이티브 제스처와 똑같을 것이라고 생각한다. 따라서 가능하면 길게 누르기와 같은 제스처의 작동 방식을 네이티브와 다르게 바꾸거나 사용할 수 없게 만드는 일은 피하는 것이 좋다. 브라우저에서는 touchstart, touchmove, touchend (와 더불어 pointerdown, pointermove, pointerup과 같은 새로 추가된 표준 포인터 이벤트)와 같은 터치 이벤트를 지원한다. 그렇다면 이 동작들을 네이티브 터치 동작과 똑같이 만들려면 어떻게 해야 할까?

웹 안전 제스처 : 이런 것이 있을까?

이제 웹사이트에서 안심하고 사용할 수 있는 웹 안전 제스처에는 어떤 것들이 있는지 살펴보자(사실 그리 많지는 않다). 현재 주로 사용하고 있는 디바이스에서 제공하는 네이티브 제스처 중에는 탭, 두 손가락 탭, 수평(옆으로) 드래그horizontal drag, 수평 플릭horizontal flick 등이 있다. 이렇게 몇 가지 안 되는 제스처 중에서도 동작이 서로 다른 경우가 있다. 예를 들면 iOS와 안드로이드에서 사용하는 크롬 브라우저는 수평으로 스와이프swipe(화면을 살짝 눌러 밀어내기)하는 방식으로 열려 있는 탭 사이를 이동할 수 있다. 반면 iOS의 사파리에서 이 제스처를 수행하면 브라우저 히스토리에서 앞이나 뒤로 이동하게 된다. 따라서 같은 제스처라도 환경에 따라 그 동작이 달라진다. 수평 드래그 제스처는 네이티브 내비게이션 용도로, 이 제스처를 사용하지 않는 터치 브라우저에서도 문제를 일으킬 수 있다. 예를 들면 페이지 화면이 브라우저의 뷰포트보다 넓게 늘어나는 경우를 들 수 있다. 이런 현상은 주로 화면을 확대한 뒤 발생하며, 수평 터치-드래그를 통해 페이지를 좌우로 스크롤하는 방식으로 처리해야 한다. 따라서 웹사이트에서 사용할 터치 제스처를 직접 구현할 때 충돌이 발생하지 않도록 각별히 주의해야 한다.

여기서 이런 제스처들이 안전하다고 이야기한 것은 확실한 근거가 있어서가 아니라 단지 터치 기반 브라우저 중에서 아직까지 이런 제스처를 사용하는 것을 본 적이 없기 때문이다. iOS에서 두 손

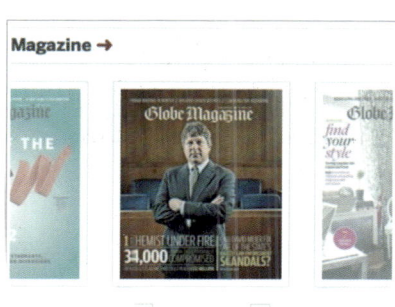

그림 1.12 《보스턴 글로브》 사이트에서 제공하는 다중 입력 모드 '캐러셀'

가락 탭을 새로 추가하는 순간 기존에 우리가 만든 것들과 충돌할 수 있기 때문에 장기적으로 보면 바람직하지 않다. 그렇다고 해서 제스처를 직접 정의하는 것이 바람직하지 않다는 뜻이 아니라 입력 방식을 다양하게 제공하는 것이 중요하다는 의미다. 어떤 이유로 한 가지 당식에 문제가 생기면 콘텐츠에 접근하기 위한 다른 방식을 제공할 수 있어야 한다.

실전에서는 언제든지 마우스 및 키보드 기반의 인터페이스를 사용할 수 있도록 지원해야 한다. 예를 들면 **그림 1.12**와 같이 《보스턴 글로브》 사이트의 첫 화면에 나온 캐러셀carousel처럼 여러 가지 옵션을 제공해야 한다. 캐러셀 아래에 있는 화살표 버튼을 클릭해도 되고, 그림의 왼쪽이나 오른쪽 가장자리를 클릭해도 되며, 키보드에서 왼쪽 및 오른쪽 버튼을 눌러도 되고, 터치 인터페이스를 갖춘 디바이스라면 캐러셀을 터치-드래그해도 된다. 따라서 터치 제스처는 흔히 사용하는 기존의 입력 방식에 부가적으로 제공하는 '있으면 좋은' 옵션처럼 생각하는 것이 좋다.

터치 제스처의 가장 큰 문제점은 이런 제스처가 있다는 사실을

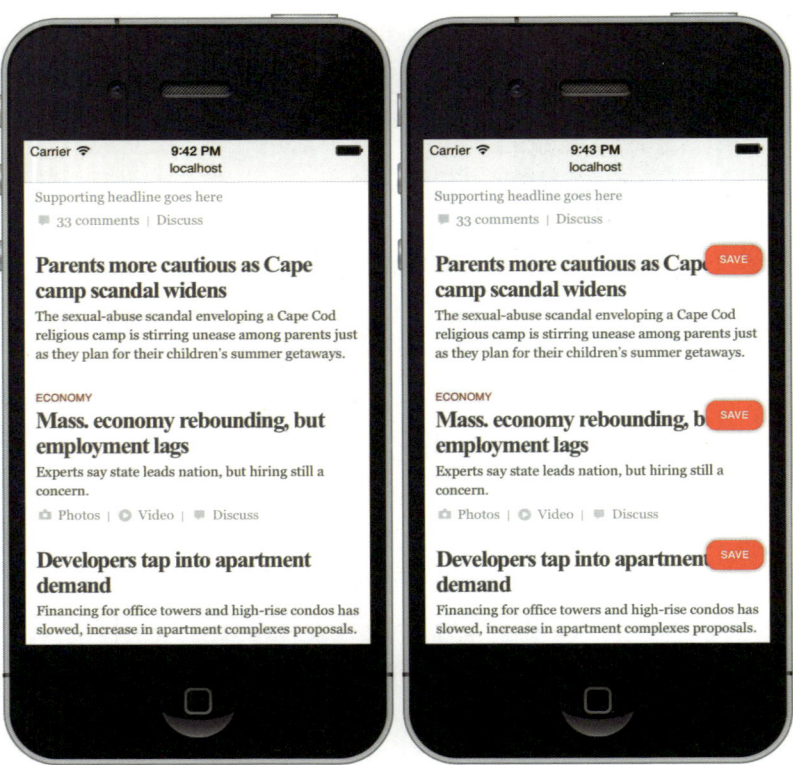

그림 1.13 《보스턴 글로브》 사이트에서 두 손가락 탭을 이용해 저장 버튼이 나타나게 할 수 있다.

알리는 것이다. 실제로는 터치 제스처의 존재를 암시하는 시각적인 인터페이스가 없는 경우가 많기 때문이다. 우리는 《보스턴 글로브》 사이트의 기사 저장 기능을 구현하는 과정에서 이런 딜레마에 빠진 경험이 있다. 이는 나중에 기사를 다시 읽을 수 있도록 사용자 계정으로 기사를 저장하는 기능이다. 작은 화면에서는 기본적으로 저장Save 버튼이 사라지는데, 두 손가락 탭으로 다시 나타나게 토글할 수 있다(그림 1.13). 당연히 이 기능은 도움말 항목을 찾아보지 않으면 알 수 있는 방법이 없다.

터치 제스처를 위한 스크립트 작성하기

터치스크린용 브라우저는 대부분 마우스 입력용 컴포넌트도 지원한다. 따라서 디자인할 때와 달리 자바스크립트 개발자 입장에서는 터치 지원을 위해 코드를 특별히 다르게 처리할 필요는 없다. 하지만 터치에서만 발생하는 이벤트를 스크립트에서 최대한 활용하면 훨씬 풍부하고 향상된 경험을 제공할 수 있다. 예를 들어 컴포넌트를 개발할 때 터치 이벤트를 처리하도록 특별히 코드를 작성하면 터치 제스처에 즉각적으로 반응하게 할 수 있다. 대다수의 터치 브라우저에서는 탭한 뒤에 click이나 mouseup과 같은 마우스 이벤트가 발생하기까지 300밀리세컨드 이상이 걸린다(이는 click 이벤트를 처리할 때 더블 탭은 아닌지 확인하기 위해 기다리기 때문이다). 따라서 마우스 이벤트에만 반응하도록 작성된 사이트의 지연 시간은 훨씬 길게 느껴진다. 하지만 터치 제스처를 처리하는 스크립트는 작성하기 쉽지 않다. 터치 기능을 지원하는 대부분의 브라우저는 터치 동작 시 터치 이벤트뿐만 아니라 마우스 이벤트도 함께 발생시키기 때문이다. 더 심각한 것은 터치 이벤트 이름이 브라우저마다 다르다는 점이다(예를 들면 최신 표준명인 pointerdown 대신 널리 통용되는 touchstart로 표현하는 경우가 많다).

 터치스크린 최적화 작업을 수행할 때 마우스나 키보드와 같은 터치 방식이 아닌 입력 메커니즘을 사용해 콘텐츠에 접근하는 기능을 해치지 말아야 한다. 터치 상호작용을 최대한 빨리 작동하게 하기 위한 책임감 있는 개발 방식은 마우스와 터치 이벤트에 대한 이벤트 리스너를 모두 구현하는 것이다. 이벤트 처리에 대한 핵심 로직을 구현할 때 먼저 발생한 이벤트만 처리하고 다른 이벤트는 무시하도록 작성하면 동일한 코드를 두 번씩 작성하지 않아도 된다. 이는 말과 달리 실제로 구현하기는 쉽지 않다. 그렇기 때문에 테스트를 충분히 거친 오픈 소스 자바스크립트 라이브러리 사용을 추천한다. 나는 제이쿼리로 코드를 작성할 때 커스텀 tap 이벤트의 처리 부분을 Tappy.js(http://bkaprt.com/rrd/1-15/)로 작성한 적이 있다. 예를 들면 다음과 같다.

```
$( ".myBtn" ).bind( "tap", function(){
    alert( "tap!" );
});
```

내부 작동 과정을 살펴보면 tap 이벤트는 터치와 마우스, 키보드로 특정한 동작을 수행할 때 발생한다(위 코드에서는 단순히 "tap!"이라는 메시지를 담은 경고창alert만 띄웠다. 물론 독자들은 이보다 훨씬 뛰어난 방식으로 처리할 것이다).

이보다 고급 터치 기능을 제공하는 라이브러리를 원한다면 《파이낸셜 타임스Financial Times》의 실력 있는 팀이 개발한 패스트클릭 FastClick(http://bkaprt.com/rrd/1-16/)을 추천한다.

접근성을 고려해 디자인하기

지금까지 주로 화면의 크기 변화에 대처하는 디자인 방법, 중단점 찾는 방법, 다양한 입력 모드 처리 방법 등 사용성의 주요 측면에 대해 살펴보았다. 그러나 다양한 디바이스에서 동일한 컴포넌트를 사용할 수 있게 하려면 원하는 제스처나 표현을 지원하지 않는 브라우저 사용자나 스크린 리더와 같은 보조 기술을 통해 웹을 이용하는 사람들도 접근할 수 있게 만들어야 한다. 이런 사항을 모두 고려하다 보면 차라리 초창기 기본 HTML만으로 작업하는 것이 더 나을지도 모른다. HTML의 가장 큰 장점은 하위 호환성을 기본으로 지원한다는 점이다. 다시 말해서 최신 기능을 가미한 페이지도 결국 HTML을 지원하는 디바이스라면 어디서나 볼 수 있다는 것이다.

HTML은 원래 뛰어난 접근성을 목표로 개발된 것이지만 항상 그렇지는 않다. CSS나 자바스크립트를 별 생각 없이 작성하면 여전에는 잘 볼 수 있던 콘텐츠에 접근할 수 없게 되어 초창기 기본 HTML 기능만으로 만들었을 때보다 오히려 사용자가 감소할 수 있다. 예를 들어 콘텐츠를 `display: none;`으로 숨기는 드롭 메뉴의 경우를 살펴보자. 일부 예외적인 경우를 제외하면 스크린 리더는 화면에 표시된 콘텐츠만 읽어준다. 따라서 이런 상황을 미리 알려주지 않으면 메뉴에 담긴 내용을 눈으로 볼 수 없을 뿐만 아니라 스크린 리더 사용자가 들을 수도 없게 된다. 따라서 웹을 시각적으로 접근하는 사용자뿐만 아니라 다른 형태로 접근하는 사용자도 메뉴에 내용이 담겨 있다는 사실과 원하는 시점에 언제든지 그 내용을 표시하거나 읽어줄 수 있다는 사실을 알 수 있도록 적절한 형태의 큐를 제공해야 한다.

HTML에 새로운 상호작용 방식이 추가되는 만큼 항상 잃는 부분도 생기기 마련이다. 따라서 웹사이트를 제작할 때 이를 최대한 보존하도록 신경 써야 한다.

점진적 향상을 통해 접근성 보장하기

'점진적 향상'이란 접근성을 중시하는 웹의 철학을 실현하기에 딱 맞는 개념이다. 점진적 향상은 HTML의 기능과 내용을 기반으로 사용자 경험을 해치지 않는 레이어 기반의 표현(CSS)과 동작(JS)을 통해 보다 동적인 사용자 경험의 제공을 강조한다.

힘에는 언제나 책임이 뒤따른다. HTML의 표준 브라우저 렌더링 기능보다 뛰어난 표현이나 상호작용 방식을 직접 구현할 때는 접

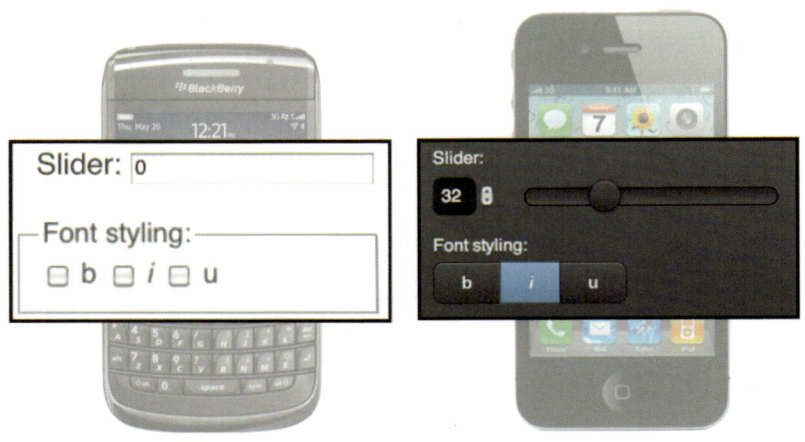

그림 1.14 개선된 UI(오른쪽)와 이를 네이티브 컨트롤만으로 표현한 뷰(왼쪽)

근성에 대한 보장을 전적으로 책임져야 한다. 이때 몇 가지 계획을 수립해야 한다. 개발자의 입장에서는 시각적인 인터페이스 디자인을 '꿰뚫어 보고' 바탕이 되는 의미를 HTML로 표현할 수 있어야 한다.

필라멘트 그룹에서 출간한 《단계적 기능 향상을 이용한 모두를 위한 웹 디자인Designing with Progressive Enhancement》에서는 이런 과정을 '엑스레이 투시X-ray perspective'라고 표현했다(그림 1.14).

엑스레이 투시란 복잡한 사이트 디자인을 평가하기 위해 고안한 방법론이다. 이는 사이트를 가장 기본적인 모듈로 나눴다가 각 페이지에 담긴 기능이 최신 브라우저뿐만 아니라 기초적인 HTML만 지원하는 브라우저나 디바이스에서도 문제없이 작동하도록 재구성하는 기법이다.

디자인 영역을 이런 엑스레이 투시를 통해 분해하고 또 재구성하

그림 1.15 버튼 형태로 표현한 표준 input 및 label

기 위해서는 창의력이 필요하다. 커스텀 컨트롤이 네이티브 컨트롤과 얼마나 비슷한지에도 영향을 받는다. 어떤 것은 체크박스 input처럼 작동하는 버튼과 같이 명확한 것들도 있다. 이런 것들은 **그림 1.15**처럼 표준 텍스트와 박스로 표현된 label이나 input을 버튼 형태의 컴포넌트로 렌더링하는 것처럼, 표준 마크업에 약간의 CSS만 가미하는 방식으로 쉽게 표현할 수 있다.

```
<label class="check">
  <input type='checkbox">Bold
</label>
```

CSS만 사용하면 세 가지 장점이 있다. 간결하고 가벼울 뿐만 아니라 무엇보다 네이티브 HTML 폼 요소만으로도 장애를 가진 사용자들이 컨트롤에 접근하게 할 수 있다. 다시 말해서 애플에서 기본적으로 제공하는 보이스오버와 같은 보조 기술은 시각적으로 향상된 부분이 없을 때와 마찬가지로 작동한다. 기본 상태라면 'bold, unchecked checkbox'라고 읽고, 체크한 상태라면 'bold, checked checkbox'라고 읽는다.

매우 간단하다. 하지만 이보다 복잡한 커스텀 컴포넌트는 이 정도의 접근성을 제공하기 어려울 수 있다.

복잡한 컨트롤을 책임감 있는 방식으로 향상시키기

이번에는 슬라이더처럼 좀더 추상적인 요소에 엑스레이 투시 기법을 적용해보자(**그림 1.16**).

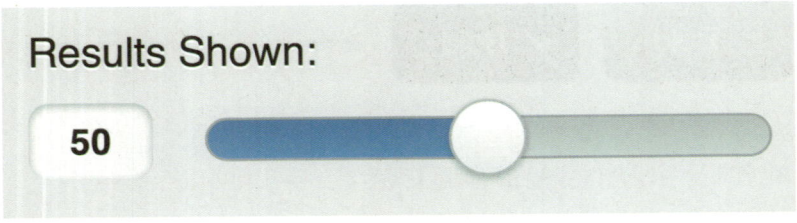

그림 1.16 숫자 입력용 커스텀 슬라이더 컨트롤

HTML5 규격에서 가장 뛰어난 기능 중 하나는 number, color, search와 같은 새로운 형태의 입력 폼이 추가되었다는 점이다. 이런 요소는 최신 브라우저에서 지원하고 있으므로 좀더 특별한 상호작용 방식을 제공할 때 활용하면 좋다. 이 기능을 지원하지 않는 브라우저에서는 기존의 표준 text 입력 폼으로 표현한다.

color 입력 사용법에 대해 간단히 예를 들면 다음과 같다.

```
<label for="color">Choose a color:</label>
<input type="color" id="color">
```

그림 1.17은 구글 크롬에서 이 코드를 렌더링한 결과를 보여주고 있다.

이 기능을 지원하지 않는 iOS7의 브라우저에서 실행한 결과는 그림 1.18과 같다.

새로 추가된 입력 폼 중에 range라는 것도 있는데, 대다수의 브라우저에서 슬라이더 컨트롤로 렌더링한다. 하지만 디자인과 사용성 측면에서 볼 때 네이티브 슬라이더를 사용하는 것은 그다지 바람직하지 않다. 무엇보다도 외관을 커스터마이즈하기 힘들고, 심지어 전혀 건드릴 수 없는 경우도 있다. 어떤 브라우저는 슬라이더 값을 표시하는 텍스트 레이블을 네이티브 슬라이더에서 제공하지 않

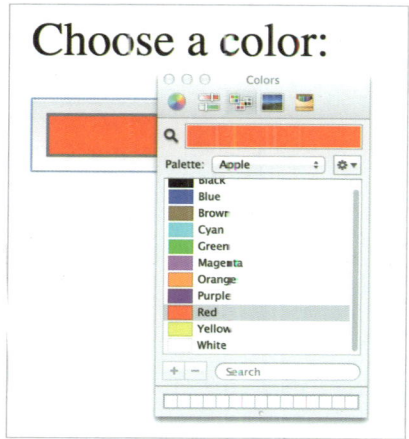

그림 1.17 구글 크롬에서 제공하는 컬러 피커
color picker를 이용한 color 입력 폼

그림 1.18 iOS7에서는 color 입력 폼을 기존
text 입력 폼으로 표현한다.

그림 1.19 iOS7의 사파리에서 range 입력 폼을 렌더링한 화면으로, 최대와 최소뿐만 아니라 현재 값에 대한 피드백을 전혀 제공하지 않는다.

그림 1.20 예에서 작성한 HTML 마크업을 브라우저에 렌더링한 결과

아 값을 정확히 지정할 수 없다. 그림 1.19는 iOS7의 사파리 브라우저에서 네이티브로 제공하는 range 입력 폼에 0부터 10까지 값을 받을 수 있도록 설정한 화면을 보여주고 있다.

```
<label for="value">Choose a value:</label>
<input type="range" id="value" min="0" max="10">
```

음량을 조절하는 경우가 아닌 이상 슬라이더가 이같이 표현되면 곤란하다. 사용성이 좋고 터치에 친화적인 슬라이더를 만들고 싶다면 직접 구현하는 수밖에 없다. 지금부터 누구나 접근할 수 있는 형태로 슬라이더를 만드는 방법에 대해 알아보자.

먼저 가장 중요한 일은 우리의 영원한 친구인 HTML을 작성하는 것이다. 슬라이더는 숫자를 시각적으로 표현하는 수단이다. 따라서 input 요소 타입을 number로 지정한다. 이는 HTML5에서 제공하는 기능으로, 이를 지원하지 않는 브라우저에서는 예전 방식인 text 입력으로 표현한다. number 입력을 사용하면 min과 max와 같은 컨트롤의 제약 사항에 대한 여러 가지 표준 및 부가 속성을 사용할 수 있다. 이 두 가지 속성을 여기서 만들 커스텀 슬라이더의 기본 속성으로 지정한다(그림 1.20).

```
<label for="results">Results Shown:</label>
<input type="number" id="results" name="results" »
  value="61" nin="0" max="100" />
```

이제 골격이 완성되었으니 사용자가 input을 드래그할 때 입력된 값을 처리하는 자바스크립트를 작성하자.

실전에서 쓸 만한 수준의 코드를 작성하는 과정을 자세히 설명하는 것은 이 책의 범위에서 벗어나므로, 최종적으로 만든 커스텀 슬라이더 마크업을 브면서 접근성 관련 제약이 발생하지 않게 만드는 방법만 스개하고자 한다. 코드는 다음과 같으며 완성된 마크업은 굵게 표시했다.

```
<label for="results">Results Shown:</label>
<input type="number" id="results" name="results" »
  value="61" min="0" max="100" />
<div class="slider">
  <a href="#" class="handle" style="left: 60%;"></a>
</div>
```

이제 값을 바꿔보자. 슬라이더에 입력된 값이 변할 때마다 제대로 받아서 처리하려던 키보드를 통해 포커스를 줄 수 있는 요소를 사용해야 한다. 여기서는 a 요소에 handle이라는 클래스를 지정하는 방식으로 구현했다. 그리고 슬라이더가 움직일 때의 시각적인 스타일을 지정할 .handle에 대한 컨테이너 요소 div도 작성했다. 사용자가 슬라이더 핸들을 드래그하거나 탭하면 자바스크립트 코드는 사용자가 드래그한 거리를 퍼센트 단위로 바꿔서 핸들의 CSS left 값에 지정한 뒤 input 컨트롤에 표시된 값도 업데이트한다. 슬라이더 마크업에서 변경된 부분은 굵게 표시했다(그림 1.21).

그림 1.21 여기서 만든 슬라이더는 왼쪽에 input 요소가 오도록 div로 작성했다.

```
<label for="results">Results Shown:</label>
<input type="number" id="results" name="results"
  value="61" min="0" max="100" />
<div class="slider">
  <a href="#" class="handle" style="left: 61%;"></a>
</div>
```

    CSS 스타일 부분을 제외하더라도 기본 슬라이더 컨트롤치고는 상당히 복잡하다. 여기서 끝이 아니다. 웹 페이지에 접근할 수 있도록 만들기는 했지만 새로 정의한 마크업을 처리하는 자바스크립트의 역할이 조금 애매하다. 특히 앵커(a) 요소의 클래스가 .handle로 지정된 부분이 그렇다. 스크린 리더에서 이 요소를 처리할 때 큰 소리로 'number link'라고 읽게 된다. 기존 방식의 링크에서 href의 값이 #인 것처럼 보이기 때문이다.

    이런 마크업의 혼동을 피하기 위한 방법에는 두 가지가 있다. 하나는 스크린 리더가 (input이라는 글자를 아예 볼 수 없도록) 슬라이더를 숨기는 것이고, 다른 하나는 스크린 리더가 제대로 이해할 수 있도록 코드를 추가하는 것이다. 나는 슬라이더를 숨기는 방식이 간단해서 이를 선호한다. div에 aria-hidden 속성을 추가하기만 하면 되기 때문이다. 그러면 스크린 리더는 이 속성이 지정된 요소의 내용을 무시한다.

```
<label for="results">Results Shown:</label>
<input type="range" id="results" name="results"
  value="61" min="0" max="100" />
```

```
<div class="slider" aria-hidden>
  <a href="#" style="left: 61%;"></a>
</div>
```

지금까지 살펴본 것처럼 입력 폼의 접근성을 해치지 않으면서 보다 나은 시각적 프레젠테이션으로 입력 내용을 점진적으로 개선했다. 참고로 예에 나온 aria가 무엇인지 궁금한 독자를 위해 간략하게 이야기하면 W3C의 접근 가능한 리치 인터넷 애플리케이션 Accessible Rich Internet Application : ARIA 규격을 의미하는 단어다. 이는 네이티브와는 다른 역할(기능)을 수행하도록 HTML 요소에 의미를 추가할 때 사용하는 HTML 속성 집합이다. 예를 들어 ARIA에서 제공하는 a 요소에 `role="button"` 속성을 지정해 a가 링크가 아닌 메뉴 버튼처럼 작동하게 하거나, ul에 `role="tree"` 속성을 지정해 OS의 탐색기 창에서 파일을 나열하듯이 탐색 가능한 트리 컴포넌트처럼 표현할 수 있다. ARIA에는 슬라이더에 대한 속성도 정의되어 있다. 앞의 예를 이 방식으로 구성하려면 `role="slider"`로 지정하면 된다. ARIA는 이런 역할 기반 속성 role-based attribute 뿐만 아니라 컨트롤 상태를 표현하는 '상태 state' 속성도 제공한다. 대표적인 예로 `aria-expanded`, `aria-collapsed` 그리고 예에서 사용한 `aria-hidden` 등이 있다. 심지어 커스텀 슬라이더 컨트롤에서 현재 또는 나중에 사용할 값을 표현하는 속성도 있다. ARIA에 대한 자세한 내용은 W3C 웹사이트(http://bkaprt.com/rrd/1-17/)를 참고하기 바란다.

데이터 시각화에 대한 접근성 보장하기

차트나 그래프와 같은 데이터 시각화 표현은 보조 기술 사용자는 제대로 이해할 수 없는 형태로 전달되는 경우가 많다. 예를 들어 《뉴욕 타임스 New York Times》 기사의 복잡한 라인 차트를 보면 단순히

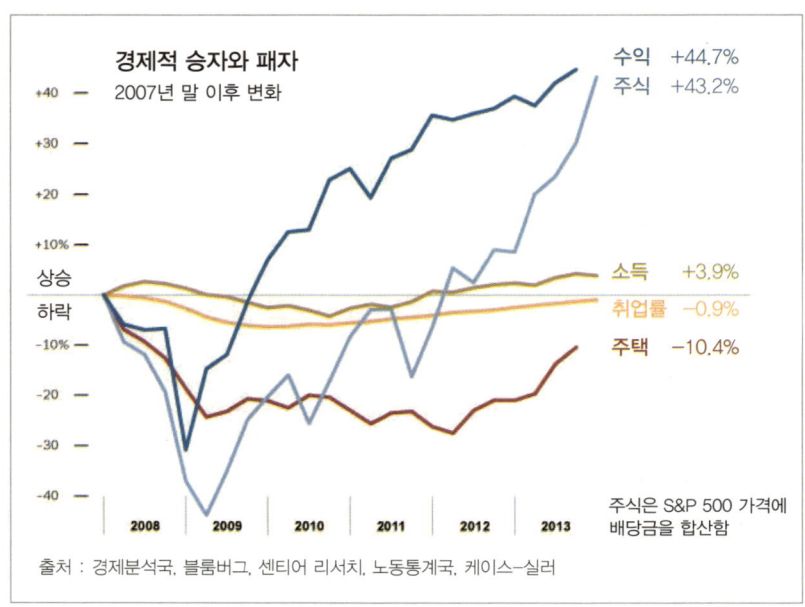

그림 1.22 복잡한 라인 차트를 단순히 img 요소로 표현하고 있다(http://bkaprt.com/rrd/1-18/).

img 요소로 표현하고 있다(그림 1.22).

스크린 리더는 이 차트의 모든 정보를 읽을 수 없다. 따라서 책임감 있는 개발자라면 다음과 같이 최소한 alt 속성을 사용해서라도 차트의 데이터에 대한 정보를 제공해야 한다. 그러나 이런 데이터는 단 한 줄의 텍스트만으로 그 의미를 제대로 전달하기 힘든 경우가 많다.

```
<img src="chart.png" alt="Economic winners and losers,»
    Change since...">
```

그렇다면 더 잘 전달하기 위해서는 어떻게 표현해야 할까? 앞에서 소개한 엑스레이 기법을 적용해보자. 슬라이더에서 했던 것처럼

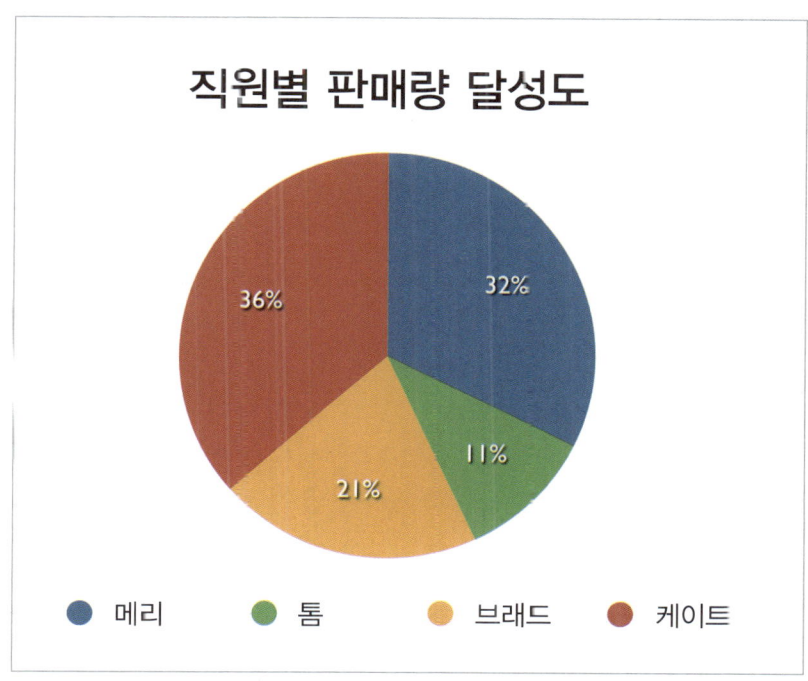

그림 1.23 어떻기 하면 스크린 리더에게 복잡한 그래픽 의미를 잘 전달할 수 있을까?

이 그래프를 더 잘 표현하기 위한 시작점을 찾을 수 있을 것이다. 그림 1.23에 나온 파이 차트를 예로 들어보자. img 태그로 표현하는 것보다 스크린 리더가 그 의미를 더 잘 파악하게 하려면 어떻게 해야 할까?

먼저 모든 사용자에게 의미를 잘 전달할 수 있는 HTML로 출발하고, 차트는 일종의 향상된 기능을 제공하는 차원으로 추가한다. 차트에서 표현하는 핵심 의미를 자세히 살펴보면 차트의 골격을 HTML 테이블 요소로 표현할 수 있다는 점을 발견할 수 있다.

그런 뒤 다음에 나오는 HTML 마크업을 자바스크립트로 파싱해 HTML5에서 제공하는 canvas나 SVG 등으로 차트를 동적으로 생

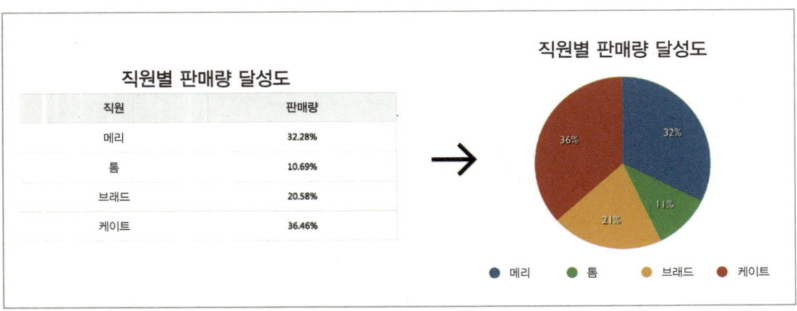

그림 1.24 왼쪽 테이블 내용을 canvas를 이용해 차트 형태로 생성한 예

성하면 된다. 차트를 생성한 뒤에는 테이블을 화면 밖으로 옮겨 숨길 수 있고, 좀더 시각적으로 향상된 옵션을 원할 때는 차트가 나타나게 할 수도 있다(그림 1.24).

```
<table>
  <summary>Employee Sales Percentages</summary>
  <tr>
    <th>Employee</th>
    <th>Sales</th>
  </tr>
  <tr>
    <td>Mary</td>
    <td>32.28%</td>
  </tr>
  <tr>
    <td>Tom</td>
    <td>10.69%</td>
  </tr>
  <tr>
    <td>Brad</td>
    <td>20.58%</td>
  </tr>
```

```
    <tr>
        <td>Kate</td>
        <td>36.46%</td>
    </tr>
</table>
```

지금까지 살펴본 기법은 복잡하게 구성된 인터페이스의 접근성을 보장하기 위한 여러 가지 기법 중 극히 일부에 불과하다. 하지만 여기서 설명한 방식에 따라 거의 모든 디바이스에서 정확하고 접근 가능하며 기능도 제대로 작동하는 마크업으로 출발하면 잘못된 방향으로 흘러갈 가능성을 줄일 수 있다. 개선과 개악은 종이 한 장 차이에 불과하다. 책임감 있는 개발자라면 아슬아슬하게 외줄타기하듯 조심스럽게 작업해야 한다.

여기서 설명한 방식대로 개발하면 접근성은 확실히 보장할 수 있지만, 고객이나 품질 관리 테스터와 소통하는 과정에서 곤란한 일이 발생할 수도 있다. 이쯤에서 '지원'의 의미에 대해 다시 정의할 필요가 있다.

향상된 지원 전략

나는 "브라우저가 아닌 컴포넌트를 평가하자Grade Components, Not Browsers"라는 기사를 통해 지원support에 대한 정의를 직장 동료인 매기 와치스Maggie Wachs가 제안한 매우 뛰어난 아이디어를 토대로 더욱 발전시켜 자세히 설명한 바 있다. 그는 (야후의 브라우저 지원 수준 평가Graded Browser Support처럼 브라우저를 통째로 평가하는 것이 아닌) 각 사이트의 컴포넌트를 기준으로 더 세분화해 평가하는 방식으로 수정해야 한다고 제안했다(http://bit.ly/2WMcsWZ). 이런 정의에 따라 작성한 문서를 고객과 공유하면서 주요 개선 항목을 기준으로 각 컴포넌트의 수준을 평가했다.

예를 들면 **그림 1.25**는 부동산 웹사이트의 매물 상세 정보를 나타내는 컴포넌트의 개선 수준을 보여주고 있다. 브라우저 입장에서 이런 개선 수준은 에이잭스^Ajax나 CSS 3D 변환^Transform과 같은 기능의 지원 여부에 따라 달라진다.

이 문서를 통해 몇 가지 목적을 달성할 수 있었다. 먼저 고객들이 자사 사이트에서 개선의 여지가 있다고 생각하는 부분을 분류하고, 모든 사람(디자이너, 고객, 품질 관리 테스터)이 해야 할 일을 파악하는 데 큰 도움이 되었다. 또한 같은 컴포넌트라도 브라우저에 따라 등급을 다르게 받을 수 있다는 점도 알게 되었다. 다시 말해서 최신 브라우저라도 종류마다 지원하는 기능의 수준이 각기 다르기 때문에 한 브라우저에서 멋들어지게 표현되어 A급 경험을 제공하던 컴포넌트가 다른 브라우저에서는 다소 효과가 떨어진 B급 경험을 제공할 수도 있다는 것이다.

이런 식으로 문서를 작성해보면 핵심은 브라우저가 아닌 기능과 제약 사항에 있다는 사실을 깨닫게 된다. 따라서 지원에 대한 수준은 가능/불가능과 같은 이분법적인 분류나 퍼센트보다는 오히려 산점도^scatter plot, 산포도로 표현해야 된다는 것을 알게 된다. 따라서 이런 절차를 따르면 HTML을 지원하는 모든 브라우저를 지원할 뿐만 아니라 웹사이트의 주요 기능과 콘텐츠에 대한 접근성을 보장할 수 있다. 제레미 키스^Jeremy Keith가 지적한 바와 같이 "웹사이트의 작동 방식을 설명하는 것은 우리의 몫이며, 브라우저 사이에서 나타나는 기능상 편차는 버그라기보다는 일종의 특성으로 보아야 한다"(http://bkaprt.com/rrd/1-20/).

특성에 대해 한마디 덧붙이자면 이런 특성을 안정적이면서 디바이스에 독립적이며 지속적인 방식으로 감지할 수 있어야 한다. 그럼 이것이 왜 필요한지, 그리고 이것을 위해 무엇을 해야 하는지 다음 장에서 자세히 살펴보자.

매물 상세 정보 컴포넌트
등급별 사용자 경험 나열

C급 : 기본 포맷, 지도에 대한 링크 제공

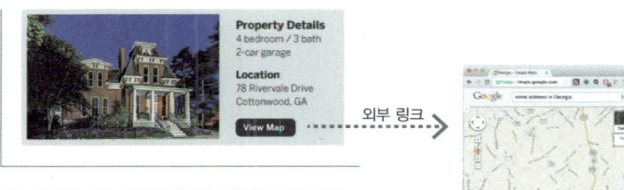

B급 : 동일한 포맷, 페이지 안에 인터랙티브 지도 삽입
요구 사양 : 자바스크립트 및 에이잭스 지원

A급 : 동일한 포맷, 지도가 3D 플릭 방식으로 표시
요구 사양 : CSS 3D 변환 지원

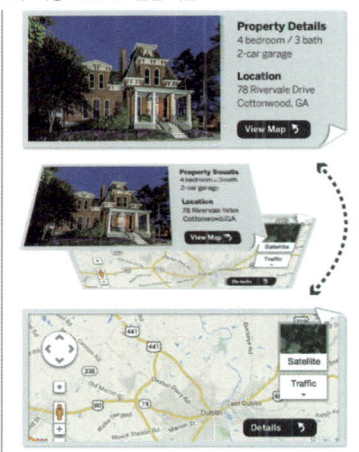

그림 1.25 웹 브라우저마다 표현이 달라지는 기능에 대한 평가 문서의 예

지속성 있는 감지 방법

요즘 나온 브라우저들은 워낙 다양하기 때문에 브라우저가 가진 기능과 제약 사항을 감지하는 기능은 사용자 경험을 제대로 전달하는 데 매우 중요한 요소가 되었다. 이런 감지 기능은 다양한 방식으로 구현할 수 있지만, 그중에서도 특히 사용자 경험을 좀더 책임감 있게 제공할 수 있는 방법이 몇 가지 있다.

디바이스 감지 : 꼼수의 진화

웹 개발과 관련된 주제 중에서 가장 격렬한 논쟁이 벌어지는 분야는 디바이스 감지 방법에 관한 것이다. 동료들이 모인 자리에서 이 이야기를 살짝 꺼내기만 해도 각자 가지고 있는 의견들을 맹렬히

쏟아낼 것이라는 생각에 속이 울렁거린다. 크로스 디바이스 지원을 위해 복잡하게 구성된 코드에서 디바이스를 감지하는 기능이 어느 정도 필요하기는 하지만, 나는 매번 사이트를 제작할 때마다 이런 기능이 생각보다 절실하지 않다는 사실을 깨닫곤 한다.

이렇게 생각하는 것이 바람직하기도 하다. 왜냐하면 특정 디바이스에 종속적인 로직이 코드에 들어 있으면 장기적으로 볼 때 코드베이스의 지속성을 위협하는 요인이 되기 때문이다. 지금부터 그 이유에 대해 하나씩 살펴보자.

모든 것을 감지하기

어떤 사용자로부터 웹 페이지에 대한 요청이 처음 들어올 때는 그 사용자의 브라우저 환경에 대해 아는 바가 거의 없다. 그 사용자가 사용하는 디바이스 화면이 얼마나 큰지도 모르고, 심지어 그 디바이스에 화면이 달려 있는지조차 알 수 없다. 또한 사용자의 브라우저에서 구체적으로 어떤 기능을 제공하는지도 모른다. 다행히 브라우저로 코드를 전송하고 난 뒤에는 이런 정보를 알 수 있다. 다만 필요한 시점보다 조금 늦을 때가 있다.

요청이 처음 들어올 때 확실히 알 수 있는 것은 브라우저에서 요청을 보낼 때마다 항상 함께 따라오는 브라우저의 사용자 에이전트user agent 정보다. 여기에는 파이어폭스 14, 크롬 25 등과 같은 브라우저 이름 및 버전 정보나 Apple iOS 같은 OS 정보를 비롯한 다양한 정보가 항목별로 텍스트 문자열에 담겨 있다. 오래전 머리가 좋은 개발자들은 다양한 브라우저의 종류와 각 브라우저에서 제공하는 기능에 대한 정보를 수집해 서버에 있는 디바이스 데이터베이스에 저장해두면, 나중에 사이트에 방문하는 사용자의 브라우저 정보를 이 데이터베이스에서 검색해 쉽게 알아낼 수 있을 것이라고 생각했다. 이런 절차를 '사용자 에이전트 스니핑user agent sniffing' 또는 좀더 일반적인 용어로 '디바이스 감지device detection'라고 한다.

헛다리 짚기

사용자 에이전트 스니핑을 이용한 디바이스 감지 기법의 대표적인 단점은 브라우저가 제공하는 정보를 100퍼센트 믿을 수 없다는 점이다. 브라우저와 네트워크, 심지어 사용자마저 여러 가지 이유로 사용자 에이전트 정보를 수정한다. 그렇기 때문에 사용자 에이전트 정보를 통해 파악한 브라우저 환경이 현재 사용자의 브라우저 환경과 같다고 확신할 수 없다. 안드로이드의 기본 브라우저와 오페라 미니, 블랙베리 브라우저를 비롯한 대표적인 모바일 브라우저의 환경설정preference 창을 살펴보면 대외적으로 표현하는 브라우저 이름을 언제든지 변경할 수 있다. 데스크톱 환경으로 위장하는 경우도 있고, 안드로이드 브라우저처럼 세부 사항까지 설정하는 브라우저에서는 구체적인 정보까지 다르게 표현하기도 한다. 이렇게 사용자 에이전트 정보를 변경할 수 있게 하는 이유는 사용자에게 특정 브라우저에 대해 콘텐츠나 기능을 제한하는 사이트에 대항하는 수단을 제공하기 위해서다(그림 2.1).

    실제로 브라우저의 사용자 에이전트 정보에 기본적으로 설정된 값에 다른 브라우저 정보도 담겨 있는 것을 볼 수 있다. 이는 특정 사이트에서 걸어둔 브라우저 버전 제한에 최대한 걸리지 않기 위해서다. 예를 들어 내가 사용했던 브라우저 정보 중 사용자 에이전트 문자열을 보면 모질라Mozilla, 웹키트Webkit, KHTML, 게코Gecko, 사파리Safari 등과 같은 크롬 계열이 아닌 브라우저 이름이 들어 있다.

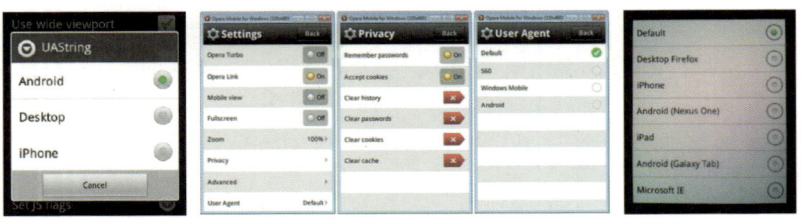

그림 2.1 안드로이드, 오페라, 파이어폭스의 사용자 에이전트 설정 화면

```
Mozilla/5.0 (Macintosh; Intel Mac OS X 10_8_5)
AppleWebKit/537.36 (KHTML, like Gecko)
Chrome/34.0.1847.131 Safari/537.36
```

심지어 어떤 브라우저는 사용자 에이전트에 있는 정보를 일부러 모호하게 표현해 다른 브라우저에 맞게 제작된 사용자 경험을 제공받게 하기도 한다. 최근 크게 향상된 인터넷 익스플로러 11의 사용자 에이전트 문자열을 보면 인터넷 익스플로러^{Internet Explorer}라는 단어를 전혀 언급하지 않았다. 이 브라우저는 현재 개발자들 사이에서 뛰어난 사용자 경험에 필요한 고급 기능을 갖춘 유일한 브라우저로 손꼽히는 파이어폭스나 웹키트인 것처럼 디바이스 감지 라이브러리를 속여왔다(다행히 IE 최신 버전부터는 더 이상 이렇게 하지 않는다). 애나 데브넘^{Anna Debenham}이 《어 리스트 어파트^{A List Apart}》에 쓴 "콘솔 게임기에 있는 브라우저로 웹사이트 테스트하기^{Testing Websites in Game Console Browsers}"라는 글을 보면 소니 플레이스테이션 비타의 브라우저에서도 이와 비슷한 방식을 사용한다고 한다. "비타에서 제공하는 브라우저는 웹키트 기반으로 만든 넷프런트^{NetFront}다. 그런데 이상하게도 사용자 에이전트 문자열을 보면 아마존 킨들 파이어의 브라우저인 실크^{Silk}라고 표기되어 있다"(http://bkaprt.com/rrd/2-01/) (그림 2.2).

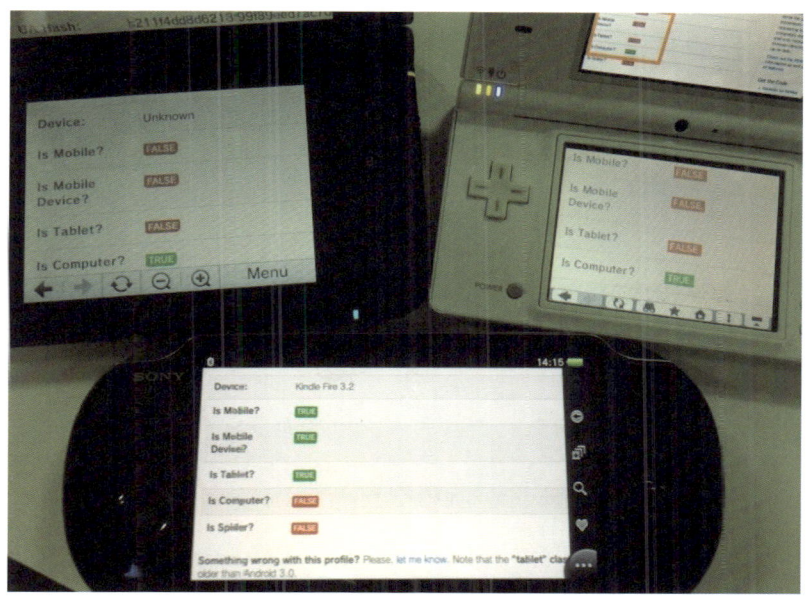

그림 2.2 모바일 디바이스에 대한 디바이스 감지 기능이 제대로 작동하지 않는 사례(http://bkaprt.com/rrd/2-02/)

브라우저 개발자는 자신이 만든 브라우저를 부각시키기 위해 이 기능을 첨가했다. 아이러니하게도 웹 개발자들이 이렇게 사용자 에이전트 정보를 조작하는 방식으로 콘텐츠와 기능을 전달할수록 사용자 에이전트 정보에 대한 신뢰성은 점점 떨어진다.

'설정하고 잊어버리기'는 잊어버리자

안정성reliability은 지속성sustainability에 비해 사소한 문제다. 기능 감지 로직은 현존하는 디바이스나 브라우저에 대해서만 작성할 수 있을 뿐 새로 나온 브라우저에 대해서는 속수무책이다.

디바이스 감지 기능에 너무 의존함으로써 발생하는 문제 중 가

2장 지속성 있는 감지 방법   71

그림 2.3 디바이스의 사용자 에이전트 문자열을 보고 판단하면 안 되는 것들

장 심각한 것은 브라우저에서 제공하는 정보만 믿고 판단할 수도 있는데, 이런 정보는 최신이 아닐 수 있다는 점이다. 디바이스 감지 기능은 기껏해야 디바이스나 브라우저의 제작 관련 정보만 제공할 뿐 사용자의 실제 브라우징 환경에 대한 동적인 특성을 제대로 반영한다고 볼 수 없다.

이렇게 디바이스 데이터베이스 감지 기증이 실제 환경을 제대로 표현하지 못하는 예를 몇 가지 소개하면 다음과 같다(그림 2.3).

- **뷰포트 크기** 디바이스 감지 기능을 통해 화면 정보를 알아낼 수 있지만, 화면 크기는 브라우저의 뷰포트 크기와 다를 경우가 많다. 반응형 레이아웃을 제작할 때 신경 쓸 부분은 뷰포트 크기다. 또한 화면 크기만 보고 사용자의 네트워크 연결 속도를 판단해서는 안 된다. 스마트폰이라도 속도가 빠른 와이파이로 연결할 수도 있고, 노트북이나 태블릿이라도 느린 셀

롤러 네트워크에 테더링하거나 이보다 열악한 버스나 열차의 와이파이에 연결할 수도 있기 때문이다.

- 디바이스(화면) 방향   뷰포트의 속성을 파악하는 작업은 (가로 또는 세로와 같은) 화면 방향의 변화로 인해 더욱 힘들어진다(그림 2.4). (서버 측에서) 화면 크기는 알아낼 수 있지만 디바이스의 화면 방향까지 알아낼 수 있는 방법은 없다. 다양한 뷰포트에 대응하는 기능은 CSS로 처리할 수밖에 없다.

- 폰트 크기   사용자가 선호하는 기본 폰트 크기에 따라 레이아웃이 결정되는 경우가 많기 때문에 미디어 쿼리에서 흔히 em 단위로 표기한다. 따라서 큰 폰트를 사용하는 노트북의 브라우저에서 레이아웃을 스마트폰처럼 제공해야 할 수도 있다(뒤에서 자세히 설명하겠지만 이 부분은 CSS 미디어 쿼리로 자연스럽게 처리할 수 있다).

- 커스텀 설정   브라우저에 기본으로 설정된 사항을 사용자가 변경하거나 꺼버리는 경우가 많다. 브라우저에서 제공하는 기능이 현재 활성화되어 있는지 서버에서 알 수 있는 방법이 없다.

- 입력 모드   디바이스 감지 기능을 통해 디바이스에 터치스크린이 있는지의 여부를 알 수 있다. 하지만 앞에서 이야기한 것과 같이 디바이스에 터치스크린이 있다고 해서 터치 이벤트를 지원한다고 볼 수 없으며, 그 디바이스가 터치 입력만 제공한다고도 볼 수 없다(그림 2.5). 요즘은 구글의 크롬북처럼 큰 화면에 터치 기능이 기본으로 내장되어 있는 디바이스가 많이 나왔기 때문에 터치 지원과 화면 크기만으로 터치 이벤트의 가능 여부를 섣불리 판단하는 것은 위험하다.

따라서 크로스 디바이스를 위한 사용자 경험을 제공하려면 앞에서 설명한 요인들을 염두에 두고 디바이스에 나온 기본 정보만

그림 2.4 한 디바이스에서 두 개의 화면 방향으로 표시되도록 제작된 《보스턴 글로브》 웹사이트

그림 2.5 다중 입력 메커니즘을 제공하는 안드로이드 2.3 디바이스

보고 섣불리 판단해서는 안 된다. 디바이스 감지는 위험한 도박과 같다. 게다가 갈수록 위험해지고 있다.

희소식 : 이런 상황에 대처할 수 있다

브라우저에 종속되지 않도록 코드를 작성하는 노력은 오랜 시간에 걸쳐 서서히 진행되었다. 반면 브라우저의 기능이나 조건에 따라 판단하는 기능을 지속적으로 제공하기 위한 도구는 최근 몇 년 사이 급속도로 개선되었고, 지금도 끊임없이 발전하고 있다. HTML, CSS, 자바스크립트와 같은 클라이언트 측 기술을 활용하면 이런 동적 브라우저 환경에서 '실제로' 일어나는 일을 확인할 수 있으며, 이를 통해 문맥에 더 어울리는 결정을 내릴 수 있다. 한마디로 책임감 있게 대처할 수 있다.

디바이스보다는 기능과 제약 사항

> 문맥을 지나치게 강조하면 디자인 솔루션의 주안점이 현재 실제로 일어나는 다양한 모바일 웹 사용 사례가 아닌 타깃 모바일 환경에 치우칠 수 있다.
>
> – 루크 로블르스키(http://bkaprt.com/rrd/2-03/)

흔히 디바이스의 폼팩터form-factor[1]가 특정 브라우저의 기능이나 네트워크 상태에 크게 영향을 미친다고 오해하는 경우가 많다. 하지만 실제로는 이런 속성이 디바이스의 종류와는 무관하게 나타난다.

---

1 물리적인 속성

터치와 뷰포트 크기는 서로 관련이 없다. 현재는 터치 기능을 전화기와 태블릿에서 주로 사용하지만, 27인치 모니터를 비롯한 다른 장치에서도 얼마든지 터치스크린을 제공할 수 있다.

– 트렌트 월턴, "Type & Touch"(http://bkaprt.com/rrd/2-04/)

한때 모바일과 데스크톱으로 나누던 것은 편리했지만 이제는 더 이상 의미가 없다. 간혹 물리적인 공간을 이동하는 디바이스의 속성을 '모바일'이라고 표현하는데, 의외로 스마트폰이나 태블릿을 거실의 소파에 가만히 앉아서 사용하는 경우가 많다. 또한 모바일 장치라고 하면 연결 속도에 제한이 있다고 생각하기 쉬운데, 엄청 느린 셀룰러 네트워크뿐만 아니라 테더링을 통해 고속 와이파이에 연결할 수도 있다(그림 2.6). 또한 모바일 디바이스라고 하면 화면이 작고 터치로 조작하며, 때로는 렌더링 기능도 떨어지는 장치라고 생각하기 쉽다. 하지만 최근 출시되는 디바이스들을 보면 기존에 우리가 가지고 있던 상식을 깨버릴 정도로 엄청난 성능을 자랑한다.

디바이스와 브라우저를 폼팩터만으로 분류하면 웹을 디자인할 때 고려해야 할 정작 중요한 요인인 (CSS 속성이나 자바스크립트 API와 같은) '속성feature'과 (뷰포트 크기와 예측 불가능한 연결 상태, 오프라인 사용 등과 같은) '제약 사항constraint'을 놓치기 쉽다. 속성과 제약 사항에 신경 써서 디자인해보면 예전에는 분명히 구별되던 속성들이 여러 디바이스에 보편적으로 나타난다는 사실을 발견할 수 있다. 그뿐만 아니라 모듈화 방식으로 웹을 제작함으로써 각 디바이스에 적합한 고유한 사용자 경험을 제공할 수도 있다.

책임감 있게 미디어 쿼리하기

이단 마콧이 처음 제시한 반응형 디자인 워크플로 원칙에서 가장 인상적인 부분은 조건부 CSS 문장을 통해 콘텍스트에 따라 스타

그림 2.6 와이파이는 항상 쓸 수 있다고 생각해서는 안 된다. 심 카드로 모바일 네트워크에 연결해 웹에 접속할 수 있는 USB 동글 광고. 사진 : 프랭키 로베르토^{Frankie Roberto}(http://bkaprt.com/rrd/2-05/)

일을 적용하는 CSS3 미디어 쿼리를 사용한다는 점이다. 마콧이 처음 쓴 글을 보면 데스크톱을 우선적으로 처리하도록 미디어 쿼리를 구성했는데, 이는 가장 큰 레이아웃부터 제작한 뒤 미디어 쿼리를 통해 점차 작은 화면에 맞춰나가야 한다는 것을 의미한다.

반응형으로 방향 전환하기

마콧이 쓴《반응형 웹디자인》을 보면 뒤로 갈수록 미디어 쿼리에 대한 원칙이 모바일 우선^{Mobile-first} 또는 작은 화면 우선^{small-screen-first}으로 변하는 것을 볼 수 있다. 그래야 사용자가 반응형 및 지속 가능한 경험을 할 수 있게 해주기 때문이라고 한다. 루크 로블르스키의 말을 다르게 표현하면 모바일 우선 워크플로는 콘텐츠의 우선순위를 정하는 데 도움이 된다. 왜냐하면 작은 화면은 중요하지 않은 콘텐츠를 표현하기에 공간이 충분하지 않기 때문이다. 모바일 우선 원칙은 점진적 향상 원칙, 즉 작은 것부터 시작해서 공간이 허용하는 범위에서 좀더 복잡한 레이아웃을 구축하는 방식과 딱 맞아떨어진다.

> @media 쿼리에 대한 지원이 없다는 것 자체가 첫 번째 @media 쿼리다.
>
> – 브라이언 리거^{Bryan Rieger}(http://bkaprt.com/rrd/2-06/)

모바일 우선 반응형 스타일시트는 먼저 모든 사용자 경험에 공통적으로 적용할 수 있는 스타일부터 시작한다. 이는 가장 작은 화면 레이아웃의 기반이 된다. 이런 스타일을 적용한 뒤에 일련의 `min-width` 미디어 쿼리가 뒤따르는데, 이를 통해 레이아웃을 좀더 큰 뷰포트 크기와 픽셀 깊이로 확장한다. CSS 골격은 다음과 같이 구성된다.

```css
/* 작은 뷰포트에 대한 스타일 */
.logo {
  width: 50%;
  float: left;
}
.nav {
  width: 50%;
  float: right;
}

@media (min-width: 50em) {
  /* 뷰포트 폭이 50em 이상인 스타일 */
}

@media (min-width: 65em) {
  /* 뷰포트 폭이 65em 이상인 스타일 */
}
```

그렇다면 최대폭은?

모바일을 우선적으로 고려해 제작하더라도 max-width 쿼리는 여전히 필요하다. 예를 들어 디자인 변화가 특정한 폭에서만 발생할 때는 max-width를 사용하는 것이 가장 좋다. min과 max를 적절히 조합해 중단점이 큰 지점에서 스타일을 CSS 상속^{inheritance}과 분리하는 방식으로 CSS를 더 작고 간단하게 만들 수 있다.

```css
@media (min-width: 50em) {
  .header {
    position: static;
  }
}

@media (min-width: 54em) and (max-width: 65em) {
  .heacer {
    position: relative;
  }
}

@media (min-width: 65em) {
  /* 여기서 .header의 위치는 정적으로 설정한다. */
}
```

그런데 여기서 em으로 지정한 이유는?

예에서 보면 반응형 방식을 바꿨을 뿐만 아니라 중단점의 폭을 지정할 때 픽셀이 아닌 em 단위로 지정했다. em으로 지정하면 레이아웃에서 컨테이너 요소 기준으로 크기를 상대적으로 유연하게 조정할 수 있다. 또한 확장 가능한 유동형 콘텐츠에 비례하는 반응형 중단점을 만들 수 있는데, 이런 콘텐츠 역시 em이나 %와 같은 비례형 단위로 많이 사용된다.

픽셀 단위로 지정했던 중단점을 em 단위로 변경하는 작업은 어

렵지 않다. 픽셀 단위로 표현한 값을 16으로 나누기만 하면 된다. 대다수의 웹 브라우저에서 1em에 대한 기본 설정값 크기가 16에 해당하기 때문이다.

```
@media (min-width: 800px){
...
}
@media (min-width: 50em){   /* 800px / 16px */
...
}
```

em 단위의 중단점에 한계가 있다면 픽셀로 작업해도 무방하다. 나는 레이아웃에서 크기를 지정할 때 비례형 단위를 선호한다. 여기서 중요한 점은 중단점의 크기를 디바이스 폭을 기준으로 정하기보다는 웹사이트 콘텐츠에 적합하게 지정하는 것이다. em 단위의 미디어 쿼리에 대한 더욱 자세한 내용은 라이자 가드너[Lyza Gardner]의 "비례형 미디어 쿼리의 종결자, EM[The EMs have it: Proportional Media Queries FTW]" 기사를 참고하기 바란다(http://bkaprt.com/rrd/2-07/).

CSS 적용 여부 검사하기

모든 브라우저가 플로트[float], 위치[positioning], 애니메이션과 같은 기능을 지원하는 것은 아니다. 작은 화면에 적용할 스타일을 상당히 복잡하게 구성했다면, 이를 미디어 쿼리 같은 최신 기능을 지원하는 브라우저에 적용할 수 있는지 검증하는 기능을 넣는 것이 좋다. 모바일 우선 방식으로 작성된 스타일을 only all과 같은 미디어 쿼리로 감싸는 것도 한 가지 방법이다. 얼핏 보면 헷갈리지만 only all 쿼리는 CSS3 미디어 쿼리를 지원하는 모든 브라우저에서 사용할 수 있다. 여기서 all은 CSS 1.0을 지원하는 브라우저라면 어디서나 인식하지만, only는 미디어 쿼리를 지원하는 최신 브라우저에서만 스타일을 제대로 인식한다. 예를 들어 모바일 우선 방식으로 작성된 스타일시트를 미디어 쿼리를 지원하는 브라우저에서 처리하려면 다음과 같이 작성해야 한다.

```
@media only all {
  /* 미디어 쿼리를 지원하는 브라우저에 적용할 작은 뷰포트에 대
     한 스타일 */
}

@media (min-width: 50em) {
  /* 뷰포트 폭이 50em 이상인 스타일 */
}

@media (min-width: 65em) {
  /* 뷰포트 폭이 65em 이상인 스타일 */
}
```

기본 브라우저에서도 스타일 유지하기

나는 미디어 쿼리를 지원하지 않는 브라우저에 대해서도 일정한 수준의 사용자 경험을 제공하기 위한 효과적인 방법을 생각했다. 그것은 첫 번째 CSS 중단점에 적용된 스타일에서 좀더 안전한 부분을 추출한 뒤 이를 어디서나 적용할 수 있도록 only all 미디어 쿼리가 나오기 전에 배치하는 것이다.

안전한 스타일, 예를 들어 font-weight, margin, padding, border, line-height, text-align 등은 거의 모든 브라우저에서 문제없이 작동한다(그림 2.7).

```
/* 작은 뷰포트용 스타일 */
body {
  font-family: sans-serif;
  margin: 0;
}
```

그림 2.7 구형 블랙베리에 기본 경험만 제공하도록 작성된 《보스턴 글로브》 웹사이트의 예

```
a {
  font-color: #a00;
}
section {
  margin: 1em;
  border-bottom: 1px solid #aaa;
}

@media only all {
  /* 미디어 쿼리를 지원하는 브라우저에 적용할 작은 뷰포트에 대
     한 스타일 */
}
/* 기타 스타일 */
```

여기서 잠깐 (책임감 있는 방식과 관련해) 명심할 점은 구형 브라우저에 대한 스타일을 제공할 때는 항상 테스트를 거쳐야 한다.

뷰포트 튼튼하게 만들기

(전통적이라는 표현이 웹 개발에 어울릴지는 모르겠지만) 전통적으로 반응형 레이아웃을 제작할 때 브라우저에서 페이지를 처음 불러오는 과정에서 렌더링할 폭을 다음과 같이 `meta` 요소에 `width=device-width`를 지정하는 방식을 많이 사용했다.

```
<meta name="viewport" content="width=device-width, »
    initial-scale=1">
```

지금까지는 이렇게 하는 것만으로도 충분했다. 하지만 이 방식은 지속성이 그리 높지는 않다. 무엇보다도 W3C 표준에는 없는 것이다. 게다가 `meta` 요소는 시각적인 스타일을 정의하기에는 적합하지 않다. 다행히 W3C에서 `width`나 `scale`과 같은 뷰포트 스타일 정보를 지정하는 방식에 대한 표준을 마련했는데, HTML이 아닌 CSS로 처리한다. 우리가 설정한 뷰포트 정보가 향후에 등장할 브라우저 버전에서도 그대로 적용할 수 있게 하려면 이런 규칙을 CSS 규칙으로 지정해야 한다.

```
@-webkit-viewport{width:device-width}
@-moz-viewport{width:device-width}
@-ms-viewport{width:device-width}
@-o-viewport{width:device-width}
@viewport{width:device-width}
```

`@viewport`를 지원하지 않는 브라우저는 `meta viewport` 요소를 사용할 수밖에 없다. 이에 대해 트렌트 월턴이 짧은 글을 올린 적이

있다. 그는 반응형으로 제작한 사이트가 윈도우 8의 IE10의 '스냅 모드snap mode'에서 잘 작동할 수 있게 하기 위한 팁을 몇 가지 소개했다(http://bkaprt.com/rrd/2-08/)(당연한 말이지만 IE10의 속도에 맞추려면 코드가 앞에 나온 것보다 훨씬 길어진다).

다른 종류의 미디어 쿼리

뷰포트의 폭과 높이에 대한 쿼리를 min-width와 max-width로 처리하는 것은 사용성이 높은 레이아웃을 제공하는 데는 어느 정도 효과적이다. 하지만 여기에는 향상된 부분을 문맥에 맞게 제공하기 위해 테스트해야 할 많은 조건들이 있다. 예를 들어 높은 dpi로 된 이미지를 HD 화면에 1.5배 이상의 해상도로 제공하고 싶다면, min-resolution 미디어 쿼리에 (표준 72dpi의 두 배인) 144dpi로 지정해서 보내면 된다. 기존 브라우저 중에서 아직 최신 표준을 완전히 지원하지 않는 브라우저에서는 미디어 쿼리에 웹키트 접두어가 붙은 폴백fallback 속성(-webkit-min-device-pixel-ratio)을 함께 적어주면 된다.

```
@media (-webkit-min-device-pixel-ratio: 1.5),
       (min-resolution: 144dpi) {
  /* HD 화면에 적용할 스타일 */
}
```

머지않아 앞에 나온 예보다 훨씬 흥미로운 미디어 쿼리가 더 추가될 것이다. 간단히 예를 들면 @media (pointer:fine) {...}이나 @media (hover) {...}와 같이 작성해 입력 메커니즘이 터치 기반인지 호버 기반인지를 감지할 수 있고, @media (script) {...}와 같은 구문으로 자바스크립트 지원 정보를 감지할 수 있다. 심지어 주변 광을 감지하는 luminosity와 같은 미디어 쿼리도 지원될 예정이다.

이런 기능에 대한 현재 구현 상태를 보고 싶다면 '캔아이유즈Can I Use...'(http://bkaprt.com/rrd/2-09/)에 올라오는 정보를 수시로 확인하고, 또 스투 콕스Stu Cox가 쓴 레벨 4 미디어 쿼리의 "좋은 점과 나쁜 점good and bad"도 참고하면 좋다(http://bkaprt.com/rrd/2-10/).

자바스크립트로 기능 감지하기

브라우저에 새로운 기능이 추가될 때마다 사용법을 면밀히 검토해야 한다. 웹 개발 분야에서 자바스크립트를 이용한 기능 감지는 이미 오래전부터 있던 기법이다. 초창기에는 브라우저마다 제공하는 기능이 서로 달랐기 때문에 그럴 수밖에 없었다. 얼마 전까지만 해도 다양한 브라우저에서 제대로 작동하도록 코드를 작성하려면 가장 기본적인 기능조차도 미리 확인한 뒤 사용해야 했다. 예를 들어 `click` 이벤트를 받으려면 먼저 해당 API가 어떻게 제공되는지 확인해야 했다.

```
// 표준 방식의 이벤트 리스너를 지원할 경우
if( document.addEventListener ){
  document.addEventListener( "click", myCallback, »
    false );
}
// 그렇지 않다면 IE의 attachEvent 메서드를 사용한다.
else if( document.attachEvent ){
  document.attachEvent( "onclick", myCallback );
}
```

자바스크립트 기능 감지하기

다행히 최근 웹 표준 동향을 살펴보면 브라우저에서 이벤트 처리와 같은 기능을 구현할 때 표준 API를 따르도록 유도하는 방향으로 발전하고 있다. 이를 통해 브라우저에 종속적으로 구현해야 할 코드가 크게 줄어 지속성을 높일 수 있게 되었다.

이제는 기존에 작동하던 HTML의 사용자 경험을 향상시키는 데 필요한 기능을 사용하기에 앞서 그 기능이 실제로 지원되는지 확인하는 작업을 자바스크립트의 기능 감지 기능으로 처리하는 사례가 흔해졌다. 예를 들어 표준 HTML canvas 요소(자바스크립트로 그래픽을 그리기 위한 API를 제공하는 아트보드 형태의 요소)가 지원되는지 확인하려면 다음과 같이 자바스크립트를 작성한다.

```
function canvasSupported() {
  var elem = document.createElement('canvas');
  return !!(elem.getContext && elem.getContext('2d'));
}
```

이렇게 정의한 함수는 코드를 불러와서 실행할 때 canvas에 종속적인 부분을 걸러내기 위해 다음과 같이 활용할 수 있다.

```
if( canvasSupported() ){
    // 여기서 canvas API를 안심하고 사용할 수 있다.
}
```

CSS 기능 감지하기

자바스크립트로 기능을 감지하는 기법은 오래전부터 있었지만, 자바스크립트로 CSS 기능을 감지하는 기법은 비교적 최근에 등장했다. 나는 이 기능을 2008년 《어 리스트 어파트》에 기고한 "테스트 주도 방식의 점진적 향상 기법Test-Driven Progressive Enhancement"이라는 글에서 예와 함께 소개한 바 있다. 나는 이 글에서 CSS와 자바스크립

그림 2.8 2008년 내가 《어 리스트 어파트》에 기고한 "테스트 주도 방식의 점진적 향상 기법" (http://bkaprt.com/rrd/2-11/)

트의 새 기능을 사용하기 전에 특정한 브라우저에 대해 여러 가지 진단 테스트를 먼저 실행해야 한다고 주장했다(그림 2.8).

당시 최신 브라우저에서는 float나 position과 같은 뛰어난 CSS 기능이 새로 추가되었는데 그 당시 널리 사용되던 브라우저는 이를 제대로 지원하지 않았다. 이로 인해 기존 브라우저에서 잘 실행되는 사용자 경험을 해치지 않으면서 최신 CSS 기능을 웹사이트에 추가하기가 매우 까다로웠다.

글에서 제시한 예 중 하나로 다음과 같이 브라우저에서 표준

2장 지속성 있는 감지 방법   **87**

CSS 박스 모델을 '제대로' 지원하는지 테스트하는 코드를 소개했는데 padding, width, border 등을 비롯한 요소 측정 단위를 사용했다. 당시 널리 사용되던 브라우저는 이런 박스 모델을 크게 두 가지 방식으로 지원하고 있었다. 그중 한 모델만을 대상으로 CSS를 작성하면 다른 브라우저(오래된 버전의 인터넷 익스플로러)에서는 레이아웃이 깨졌다.

```
function boxmodel(){
    var newDiv = document.createElement('div');
    document.body.appendChild(newDiv);
    newDiv.style.width = '20px';
    newDiv.style.padding = '10px';
    var divWidth = newDiv.offsetWidth;
    document.body.removeChild(newDiv);
    return divWidth === 40;
}
```

코드를 좀더 자세히 살펴보자. 여기에 나온 자바스크립트 함수는 div 요소 하나를 새로 만들어서 문서document의 body 요소에 추가한 다음 그 div에 width와 padding을 지정한다. 그런 다음 그 div의 렌더링된 폭이 40이어야 한다는 문장을 리턴한다. 표준 CSS 박스 모델에 익숙하다면 요소의 width와 padding이 화면에 표현되는 폭을 계산하는 데 영향을 미친다는 사실을 알고 있을 것이다. 따라서 이 함수는 브라우저가 폭을 계산할 때 원하는 값을 도출했는지 확인해준다.

나는 기고한 글에서 여기에 나온 테스트 코드뿐만 아니라 float 나 position과 같은 속성에 대한 테스트 코드를 enhance.js라는 그룹으로 함께 묶었다. 이 스크립트는 페이지를 로딩하는 동안 다양한 진단 테스트 작업을 수행한다. 테스트를 통과하면 스크립트는

HTML 요소에 enhanced라는 클래스를 추가해 고급 CSS 속성을 사용하는 애플리케이션임을 구분하는 데 사용한다.

```
.enhanced .main {
  float: left;
}
```

CSS 기능을 이렇게 검사하는 방식은 지속성을 보장하기 위한 큰 걸음을 내딛은 것처럼 보이지만, 사실 enhance.js의 완성도는 그리 높지 않았다. 왜냐하면 기능을 세밀하게 감지해 적용하지 못했기 때문이다. 다행히 나보다 훨씬 똑똑한 개발자들이 뛰어들어 부족한 부분을 보완해 뛰어난 기능을 발휘할 수 있게 만들었다.

기능 감지 프레임워크

최근의 자바스크립트 프레임워크는 대부분 기능 테스트 코드를 기본으로 제공한다. 그중에서도 표준 방식 웹사이트 테스트에 특화된 프레임워크로 2009년 폴 아이리시Paul Irish, 파루크 아테슈Faruk Ateş, 알렉스 섹스턴Alex Sexton, 라이언 세든Ryan Seddon, 알렉산더 파카스Alexander Farkas 등이 함께 만든 모더나이저Modernizr(http://bkaprt.com/rrd/2-12/)가 있다(그림 2.9). 모더나이저는 CSS의 특정 기능 지원 여부를 표시하기 위해 html 요소에 클래스를 추가하는 방식으로 간결하게 처리한다(예를 들어 다중칼럼multi-column이 지원될 경우 '<html class="...css-columns...">'와 같이 표기한다). 이를 통해 개발자는 자바스크립트 기능 감지 기능을 구현하기 위해 복잡한 코드에 시달릴 필요가 없게 되었다. 이런 방식은 향상된 기능을 사용하는 애플리케이션을 검사하기 위한 실질적인 표준 방식으로 자리를 잡았다.

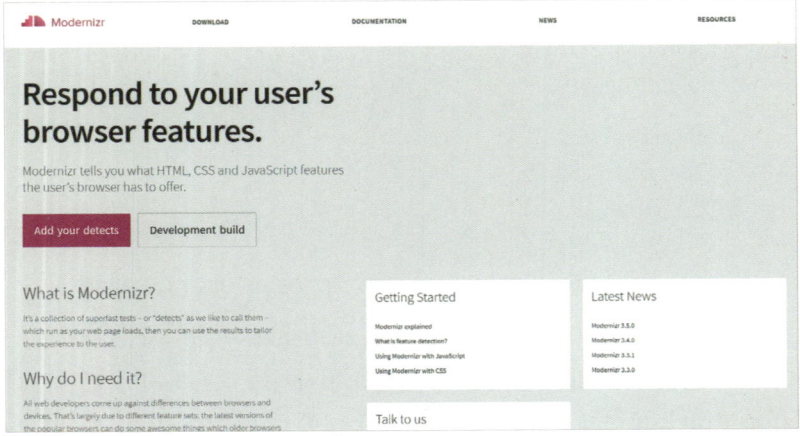

그림 2.9 기능 테스트 프레임워크인 모더나이저

모더나이저 사용법

모더나이저 사용법은 매우 간단하다. HTML 문서 헤드^{head}에 modernizr.js 스크립트를 추가하기만 하면 기능 테스트 작업을 자동으로 수행한다.

```
<script src="js/modernizr.js"></script>
```

모더나이저 테스트 작업이 실행되는 동안 프레임워크는 테스트 이름에 대한 자바스크립트 속성을 전역 오브젝트인 Modernizr에 보관하고 있다가 테스트를 통과하면 이 값을 true로 지정하고, 그렇지 않으면 false로 지정한다.

```
if( Modernizr.canvas ){
    // canvas 기능이 지원될 경우
}
```

모더나이저는 테스트를 통과하면 html 요소에 테스트 이름으로 된 클래스를 추가하는데, 이를 통해 코드를 작성할 때 CSS 셀렉터를 이용해 특정 기능의 지원 여부를 검사할 수 있다. 테스트 기능을 일일이 구현할 때브다 훨씬 간편하다.

box-shadow, border-radius, transition과 같은 최신 CSS 기능 중 상당수는 이런 검사 작업 없이도 사용할 수 있다. 그러나 최신 기능에 너무 의존하게 되면 이를 지원하지 않는 브라우저에서 사용성 관련 문제가 발생할 수 있다. 예를 들어 이미지 위에 텍스트를 오버레이할 경우 텍스트 색상은 이미지와 잘 어울리는 색으로 지정하고, 텍스트 그림자도 글자가 두드러지게 보이도록 지정해야 한다(그림 2.10).

```
.img-title {
  color: #abb8c7;
  text-shadow: .1em .1em .3em rgba( 0, 0, 0, .6 );
}
```

하지만 이렇게 하면 text-shadow를 지원하지 않는 브라우저에서는 글자를 거의 알아볼 수 없다(그림 2.11).

이런 문제가 발생하지 않게 하려면 기본 설정은 다르게, 즉 고대비의 선명한 색상으로 지정하고 기능 감지 테스트를 통과할 경우에만 고급 기능을 적용하게 만들면 된다.

```
.img-title {
  color: #203e5c;
}
.textshadow .img-title {
  color: #abb8c7;
  text-shadow: .1em .1em .3em rgba( 0, 0, 0, .6 );
}
```

그림 2.10 의도한 디자인

그림 2.11 `text-shadow`를 지원하지 않는 브라우저에 나타난 모습

자, 이제 최신 브라우저뿐만 아니라 오래된 브라우저에서도 접근성에 문제가 없도록 만들었다(그림 2.12, 그림 2.13).

자바스크립트를 사용하지 않고 CSS 기능 감지하기

자바스크립트를 이용한 기능 감지 기능이 유용하기는 하지만 핵심 작업을 수행하는 것이 아닌 단순히 궁금한 기능을 검사할 때도 전체 코드를 로딩하고 실행해야 한다는 단점이 있다. 가장 바람직한 방법은 기능 자체뿐만 아니라 그 기능의 감지 방식도 함께 표준화하는 것이다. 폴 아이리시와 같은 개발자의 지지 덕분에 CSS 기능 감지 방식에 대한 네이티브 지원 방안이 W3C에 의해 표준화가 시작되었으며, 점차 여러 브라우저로 확산되고 있다.

그림 2.12 기본 사용자 경험

그림 2.13 고급 기능을 이용한 사용자 경험

이런 @supports 기능(http://bkaprt.com/rrd/2-13/)은 미디어 쿼리와 비슷한 문법을 따른다. CSS 속성과 값(예를 들면 display: flex)을 @supports 규칙에 전달하면 스타일 코드를 별도로 작성할 필요 없이 해당 CSS 기능을 지원하는 브라우저에서만 적용하게 할 수 있다. 예를 들면 다음과 같다.

```
@supports ( display: flex ) {
  #content {
    display: flex;
  }
  그 밖의 다른 플렉스박스 스타일 코드를 여기에 작성한다.
}
```

@supports는 꽤 유용하다. 개발자가 기능 감지 작업을 직접 작성할 필요 없이(그래서 느리고 불안정한 코드를 만들 필요 없이) 그냥 브라우저에게 맡길 수 있다. 개발자는 작업이 줄어서 좋고, 사용자는 성능이 높아져서 좋다. 또한 자바스크립트에서는 CSS의 @supports에 대응되는 CSS.supports라는 API를 제공한다. 예를 들어 transition의 지원 여부를 검사하기 위해 이 기능을 활용해 코드를 작성하면 다음과 같다.

```
if( CSS.supports( "(transition: none)" ) ){
    // CSS transitions이 지원되는 경우
    // transition 이벤트 리스너 등을 여기에 작성한다.
}
```

지원을 위한 지원

다른 CSS 기능과 마찬가지로 기능 감지를 위한 @supports도 자연스럽게 무시하도록 구현되었다. 다시 말해서 이 기능을 스타일시트에 포함시켜도 문제가 발생하지 않는다. @supports를 지원하지 않는 브라우저는 이 기능과 관련된 스타일을 그냥 무시해버린다.

반면 @supports에 대응되는 자바스크립트 메서드는 그렇지 않다. 황당하게도 CSS.supports 자바스크립트 API를 사용하기에 앞서 브라우저에서 CSS.supports를 지원하는지 미리 확인해야 한다. 이런 일은 웹사이트 개발을 많이 했다면 한 번쯤은 경험해보았을 것이다. 놀랍게도 CSS.supports는 현재 표준과 비표준 두 가지 버전이 존재한다. 그중 오페라 브라우저의 특정 버전에서는 비표준 방식으로 구현했다(window.supportsCSS). 따라서 이 같은 브라우저를 지원한다면 다음과 같이 cssSupports라는 변수에 값을 할당하는 코드도 추가해야 한다.

```
var cssSupports = window.CSS && window.CSS.supports ||
  window.supportsCSS;
```

그러고 나서 다음과 같이 CSS.supports 값에 따라 동작을 다르게 하도록 작성한다.

```
if( cssSupports && cssSupports( "(transition: none)"
  ) ){
  // CSS transitions이 지원되는 경우
}
```

여기서 잠시 반대 입장을 취해보면 @supports와 같이 브라우저에서 직접 제공하는 기능 감지 기능을 이용하면 그 기능이 표준에 맞게 작동하는지의 여부는 브라우저에서 알려주는 그대로 믿을 수밖에 없다. 예를 들어 안드로이드 2 브라우저에서 제공하는 history.pushState 기능은 마지막으로 로딩된 페이지에서 이루어진 업데이트를 반영하기 위해 브라우저의 URL을 변경하는 데 사용된다. 하지만 페이지를 새로고침하기 전까지 실제로 페이지 주소가 업데이트되지 않아서 이를 믿고 작성한 코드는 실질적으로 아무런 효과를 얻을 수 없다. 웹 개발자의 관점에서 보면 W3C 표준에서 벗어난 방식으로 구현된 브라우저의 기능은 거의 쓸모가 없다. 그렇다면 특정 기능의 지원 여부를 판단하는 기준을 어디에 두어야 할까? W3C 표준 문서에 따르면 특정한 속성과 값을 "쓸 만한 수준으로 지원한다"면 브라우저에서 그 기능을 지원한다고 본다. 매우 주관적인 정의다(http://bkaprt.com/rrd/2-14/). 과거의 브라우저 제작사는 예전 관행대로 단순히 사용자 에이전트 문자열을 수정하는 방식으로 경쟁 브라우저보다 나은 점을 강조했다. 이 과정에서 고의로 부정확한 정보를 기재할 가능성도 있다. 이런 기능 감지 기능이 얼마나 정확하게 지원될지에 대해서는 계속 지켜볼 필요가 있다. 따라서 다음 절의 주제인 사용자 에이전트 감지에 대해 계속 살펴보자.

사용자 에이전트 감지 : 다른 대안이 없을 때 최선의 방법

때로는 기능의 지원 여부를 단순히 '예' 또는 '아니오'로 표현하기 힘든 경우가 있다.

기능의 지원 여부를 '감지할 수 없는' 원인은 브라우저마다 지원 상태가 다르기 때문이다. 여러 브라우저에서 기능 감지만으로는 지원 여부를 감지하기 힘든 기능만 보아도 그렇다(http://bkaprt.com/rrd/2-15/). 더 심각한 것은 이렇게 감지하기 힘든 것 중 상당수는 실제로 브라우저에서 지원하지 않거나 이보다 더 안 좋게 일부만 지원하는데, 이런 경우 콘텐츠의 사용성이나 접근성에 큰 피해를 입히게 된다. 예를 들어 (인터넷 익스플로러 9를 사용하는) 윈도우 폰 7은 커스텀 폰트 전달용으로 @font-face를 지원하지만, 디바이스에 이미 설치된 폰트만 제대로 작동하므로 이 기능의 목적 자체가 무의미해진다.

브라우저에서 부분적으로 지원하거나 제대로 지원하지 않는 기능은 매우 많다. 이런 사실 때문에 책임감 있는 디자인이 힘들어진다. 해당 기능을 브라우저에서 직접 테스트해보지 않는 이상 이런 사실을 미리 알 수 있는 방법은 없다.

원하는 기술의 지원 상태가 브라우저마다 제각각이거나 지원 여부조차 알 수 없는 상태에서 그 기능을 사용하면 의도하지 않은 현상이 발생할 수 있다. 이럴 때는 한 발 뒤로 물러서 기능 기반이 아닌 브라우저 기반 감지 기능을 사용하는 것이 현명한 선택이다. 단 사용자 에이전트 감지 방식에는 심각한 문제점이 있으며, 지속성을 보장하기도 힘들다. 따라서 최대한 피해야 한다. 그럼에도 불구하고 어쩔 수 없이 사용해야 하는 경우가 있다. 책임감 있는 접근 방식에 따르면 이렇게 사용자 에이전트 문자열에 의존하기 전에 브라우저 기반이 아닌 기능 감지 기법을 최대한 동원해야 한다. 이렇게 최후의 수단을 도입할 수밖에 없는 경우의 예를 몇 가지 살펴보자.

오버플로 지원 여부는 반드시 확인하기

CSS `overflow` 속성을 이용하면 콘텐츠가 요소의 경계를 벗어나는 순간에 일어나는 동작을 제어할 수 있다. 이 속성에 지정할 수 있는 값으로는 벗어난 콘텐츠를 화면에 표시하는 `visible`, 벗어난 부분을 숨기는 `hidden`, 요소에 담긴 콘텐츠를 스크롤할 수 있게 하는 `scroll` 및 `auto` 등이 있다. 예를 들어 이런 속성을 다음에 나온 CSS 코드처럼 `my-scrolling-region`이라는 클래스에 정의할 수 있다.

```
.my-scrolling-region {
  border: 1px solid #000;
  height: 200px;
  width: 300px;
  overflow: auto;
}
```

그리고 이 클래스가 지정된 요소에 담긴 내용이 원래 지정된 높이를 초과하면 **그림 2.14**처럼 표시된다.

이런 `overflow`는 아쉽게도 '부분적'으로 지원되고 있다. 예를 들어 모바일 브라우저 중 상당수는 `overflow: auto`와 `overflow: hidden`을 동일하게 처리한다. 따라서 사용자는 경계에서 벗어난 콘텐츠에 접근할 수 없게 된다. 더 심각한 것은 예전 버전의 iOS에서는 `overflow` 속성이 적용되는 영역을 스크롤하려면 두 손가락을 사

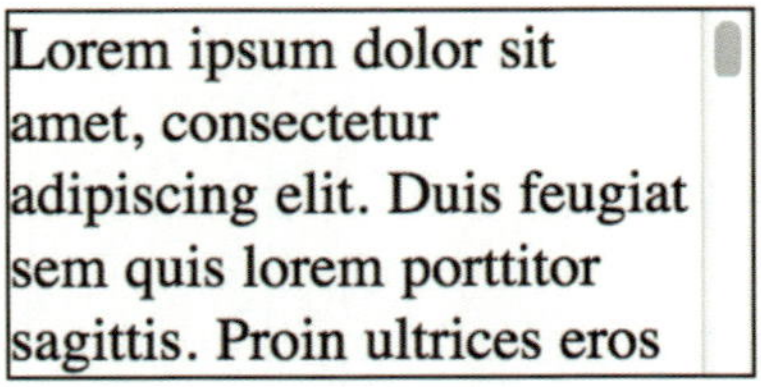

그림 2.14 CSS overflow 속성의 사용 예

용해야 한다(iOS 사용자 중에서 이 방법을 아는 사람은 극소수일 것이다).

이런 빈약한 지원 상황을 감안할 때 기능 감지 검사를 하지 않고 그냥 overflow를 사용하면 매우 위험하다. 더 어렵게 만드는 것은 overflow 지원 여부를 감지하는 자체가 거의 불가능하다는 점이다. overflow 속성을 제대로 지원하지 않더라도 기능 감지 검사 결과에서는 지원한다고 나올 수 있다. 또한 그중에서 overflow: auto의 지원 여부를 콕 집어서 검사하려면 사용자의 개입이 필요하다(다시 말해서 사용자가 직접 스크롤하기 전에는 알 수 없다). 이런 곤란함으로 인해 overflow 대신 최후의 수단인 사용자 에이전트 감지 방식으로 처리할 필요가 있다. overflow 감지 작업을 안전하게 사용할 수 있도록 도와주는 스크립트에 오버스로Overthrow라는 것이 있다. 이 스크립트를 실행하면 다음과 같은 단계에 따라 수행된다.

먼저 overflow가 지원되는지 감지하기 위해 기능 테스트를 수행한다. overflow를 지원하지 않는 브라우저는 이 테스트를 통해 확실히 걸러낼 수 있는 반면 이를 지원하는 최신 브라우저들은 대부분 테스트를 통과한다. 그러나 유감스럽게도 overflow를 제대로 지원하는 브라우저도 테스트를 통과하지 못하는 경우가 있다. 따라서 이런 브라우저는 최후의 수단인 사용자 에이전트 문자열을 점검해 overflow를 제대로 처리하지만, 이 스크립트의 기능 테스트를 통과하지 못하는 브라우저는 대략 여덟개 정도가 있다. 이 스크립트에서는 여기에 해당하는 브라우저들이 향후 버전에서도 그 기능을 계속 지원할 것이라고 가정한다(다소 위험한 발상이다). 오버스토 스크립트는 테스트에 통과한 브라우저에 HTML 요소의 클래스를 overthrow-enabled로 지정한다. 이를 통해 overflow의 지원 여부를 스타일시트에서 확인할 수 있다.

다시 한 번 강조하면 이런 디바이스의 종속적인 기법은 브라우저에 독립적인 기능 감지 기법을 최대한 활용한 뒤 방법이 전혀 없을 때만 사용한다. 작성한 코드를 향후에도 사용할 수 있고, 최대한 지속성을 유지할 수 있게 하려면 이 점을 명심해야 한다. 다시 본론으로 돌아와서 overthrow-enabled 클래스를 통해 overflow를 사용해도 문제가 없는지 다음과 같이 코드에서 확인할 수 있다.

```css
.overthrow-enabled .my-scrolling-region {
  overflow: auto;
  -webkit-overflow-scrolling: touch;
  -ms-overflow-style: auto;
  height: 200px;
}
```

앞에 나온 CSS 코드를 보면 overflow를 지원하는 브라우저에서 스크롤 패인scroll pane의 height 값을 구체적으로 지정했다. 반면 overflow를 지원하지 않는 브라우저는 height를 설정하지 않은 상태로 콘텐츠를 완전히 표시해서 스크롤 없이 볼 수 있게 설정한다. 이렇게 하면 overflow를 지원하는 브라우저에서도 테스트를 통과하는 것과 같이 테스트 자체에 문제가 발생하더라도 최소한 콘텐츠 내용에 대한 접근성은 보장할 수 있다. 예에서는 overflow와 height뿐만 아니라 터치 환경의 웹키트나 IE10에서 모멘텀 기반 스크롤링momentum-based scrolling을 적용하기 위해 브라우저에 벤더별 속성

그림 2.15 overflow를 지원하는 브라우저에서 본 오버스로 사이트

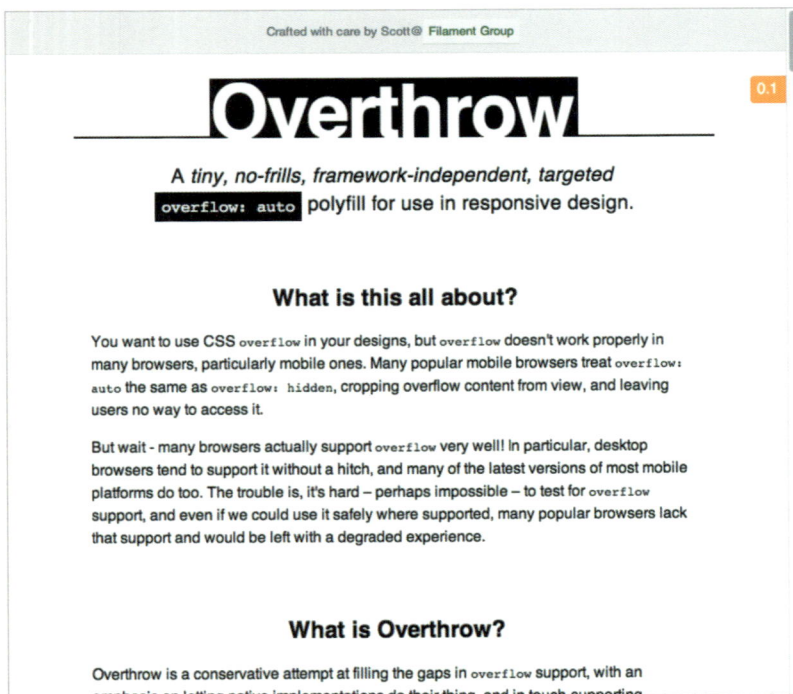

그림 2.16 overflow를 지원하지 않는 브라우저에서 본 오버스로 사이트

도 추가했다. **그림 2.15**와 **그림 2.16**을 보면 기능을 지원하는 브라우저와 그렇지 않은 브라우저의 결과를 볼 수 있다. 두 경우 모두 콘텐츠 자체에는 문제없이 접근할 수 있다.

position: fixed를 조심하라

감지할 수 없는 위험한 CSS 속성의 또 다른 예로 position: fixed를 들 수 있다. 사용자층이 두터웠던 안드로이드 2, 오페라 모바일, 구버전의 iOS에서는 페이지를 로딩할 때 위치가 고정된 콘텐츠를 어디에 둘지 전혀 신경 쓰지 않았다. 다시 말해서 콘텐츠가 상단에 그대로 떠 있어서 다른 영역을 가려버린다(**그림 2.17**).

이런 문제를 해결하기 위한 방법에 대해서는 픽스드-픽스드^{Fixed-Fixed}(http://bkaprt.com/~~d/2-17/)를 참고하기 바란다. 픽스드-픽스드도 오버스로와 마찬가지로 간단한 CSS 선택자^{selector}에서 클래스 한정자^{qualifier}를 이용해 처리한다. 또한 최후의 수단인 사용자 에이전트 기반 감지 기능을 적용하기 전에 기능 테스트를 먼저 시도한다는 점도 오버스로와 비슷하다. 예를 들면 다음과 같다.

```
.fixed-supported #header {
  position: fixed;
}
```

이것이 전부다. 기능을 지원하는 브라우저라면 #header 요소가 뷰포트 상단에 고정된다. 그렇지 않은 브라우저에서는 페이지에서 스크롤된다.

지원하지 않는 브라우저 지원하기

브라우저에서 특정한 기능을 지원하지 않는다면 그 브라우저에서

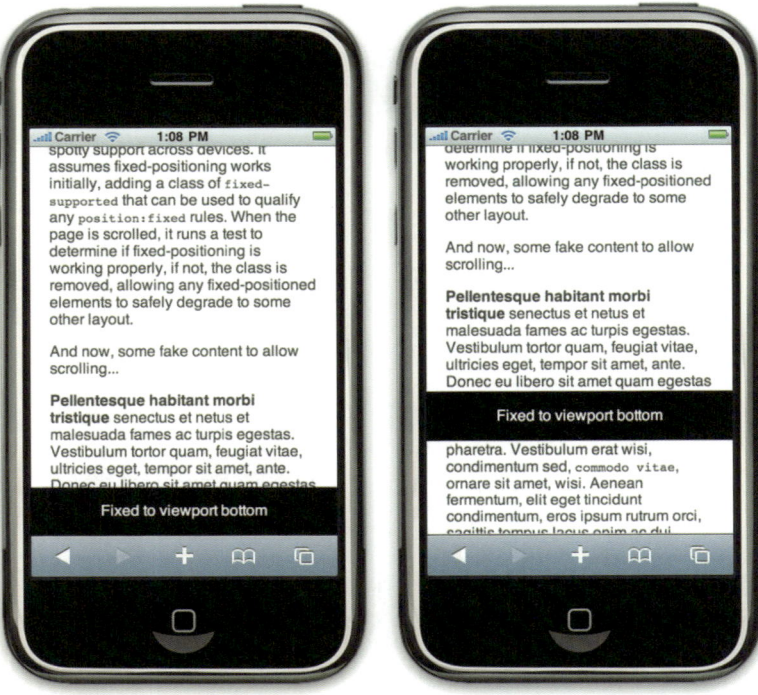

그림 2.17 의도한 동작(왼쪽)과 고정 위치를 제대로 지원하지 않는 브라우저의 오류 발생 화면(오른쪽)

해당 기능을 사용할 수 있는 방법은 없을까? 꼭 그렇지는 않다. 지난 몇 년 간 지원되지 않는 브라우저에서 기능을 에뮬레이션하는 '심shim, shimming' 또는 '폴리필polyfill' 기법이 널리 사용되고 있다. 실제로 모더나이저 사이트에 이 라이브러리에서 검사하는 모든 기능에 대한 우회 기법을 제공하고 있다.

심은 기교를 통해 특정한 접근 방식을 빠르게 해결하는 데 초점을 맞추고 있다. 이에 반해 폴리필은 이보다 좀더 깊이 있게 접근한다. 먼저 심부터 살펴보자.

심

심 중에서도 HTML5 심이 가장 유명하다. 이 심은 HTML5 'shiv'라고 부르기도 하는데, 웹 개발자들이 오래된 버전의 인터넷 익스플로러를 무시하기 때문에 이렇게 부르는 듯하다(이것에 대한 자세한 배경은 http://bkaprt.com/rrd/2-18/ 참고). IE9 이전 버전에서는 브라우저 출시일 이전에 없던 HTML 요소에 CSS 스타일을 적용할 수 없었다. 다시 말해서 section이나 header 같은 HTML5 요소는 전 세계 많은 웹 사용자가 사용하고 있는 브라우저에서 스타일을 적용할 수 없었다. 다행히 개발자인 슈르드 비셔^{Sjoerd Visscher}는 자바스크립트를 이용해 document.createElement 메서드로 생성된 모든 요소에 대해 IE가 '학습'하게 만들어서 다른 요소처럼 스타일을 적용할 수 있게 하는 우회 기법을 발견했다. 이 기법은 굉장히 간단하다. document.createElement를 통해 원하는 이름의 요소를 생성하면 그 뒤에 나오는 모든 인스턴스들이 네이티브로 지원되는 것처럼 인식된다. 마치 마술 같다.

그 후 레미 샤프^{Remy Sharp}는 오픈 소스 스크립트를 만들었는데(http://bkaprt.com/rrd/2-19/), 이 스크립트에서 앞에서 소개한 HTML5 요소 우회 기법을 사용하고 있다. 현재 이 스크립트는 알렉산더 파카스를 비롯한 다른 개발자들이 관리하고 있다.

그림 2.18은 IE8에서 심을 사용하지 않고 HTML5를 처리할 때의 스타일 결과를 보여주고 있다.

```
<!DOCTYPE HTML>
<html>
<head>
  <style>
    header {
      font-size: 22px;
      color: green;
```

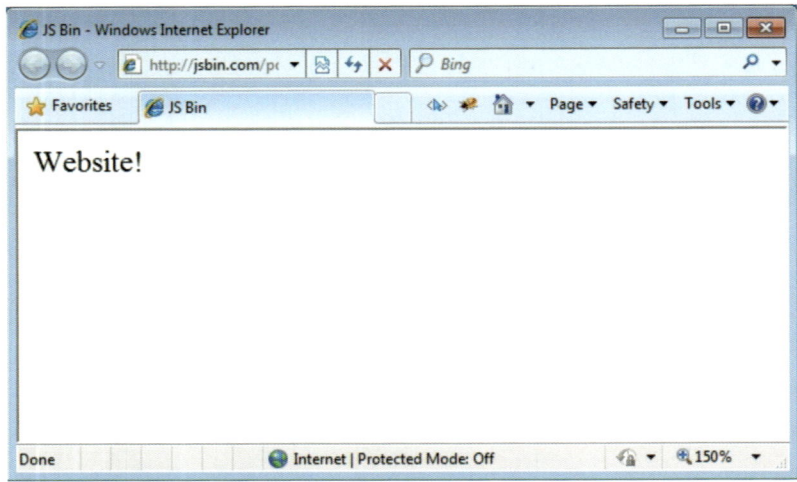

그림 2.18 스타일이 적용되지 않고 브라우저에서 인식하지도 못하는 HTML5 header 요소

```
      }
    </style>
  </head>
  <body>
    <header>Website!</header>
  </body>
</html>
```

그림 2.19는 심을 적용할 때의 결과를 보여주고 있다.

```
<!DOCTYPE HTML>
<html>
<head>
  <!--[if lt IE 9]>
  <script src="html5shiv.js"></script>
  <![endif]-->
  <style>
    header {
```

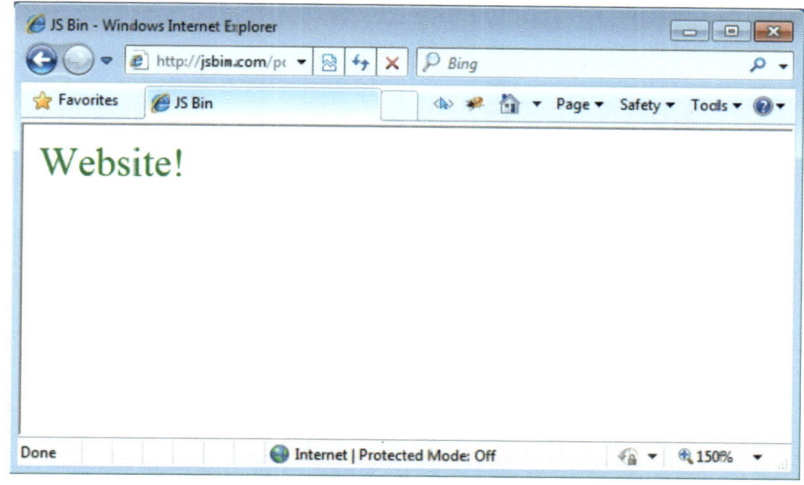

그림 2.19 심을 통해 스타일링 적용된 HTML5 header 요소

```
        font-size: 22px;
        color: green;
      }
    </style>
  </head>
  <body>
    <header>Website!</header>
  </body>
</html>
```

책임감 있는 개발의 관점에서 볼 때 큰 문제는 아니지만 심을 통한 HTML5 지원 기법에는 심각한 단점이 있다. 바로 오래된 IE 브라우저에서 페이지를 로딩할 때 자바스크립트가 제대로 처리하지 못하면 HTML5 요소에 CSS 스타일이 하나도 적용되지 않는다는 점이다. 앞에서 살펴본 예와 같이 단순히 색깔 몇 개만 적용할 때는 큰 문제가 되지 않지만, HTML5 스타일을 기반으로 구성한 다단

2장 지속성 있는 감지 방법 **105**

columnar 페이지 레이아웃에서는 페이지에 담긴 요소들이 모두 깨지면서 사용성에 문제를 일으키게 된다. 이런 문제를 피하기 위해 요소 이름의 클래스를 지정한 div로 HTML5 요소를 묶고(`<div class="article"><article></article></div>`), 그 div에 스타일을 적용하는 방식을 많이 사용하고 있다. 이렇게 하면 코드가 조금 늘어나기는 하지만 자바스크립트를 이용한 우회 기법을 사용하지 않고도 HTML5의 고급 기능만으로 최신 브라우저에서 페이지 스타일을 지정할 수 있다.

반응형 디자인 폴리필

'폴리필'은 레미 샤프가 고안한 용어로, 폴 아이리시가 "오래된 브라우저에 폴백 기능을 제공하는 미래의 API를 흉내낸 심"이라고 깔끔하게 정리한 바 있다(http://bkaprt.com/rrd/2-20/). 폴리필은 자바스크립트로 표준화된 API 형태로 표현하면 다소 길어지며, 꼼수에 가까운 우회 기법보다는 나은 방법을 제공한다.

책임감 있는 원칙에 따라 심이나 폴리필로 API를 만들기 전에 항상 해당 네이티브로 지원되는지부터 확인해야 한다. 성능을 고려할 때 네이티브 구현이 항상 좋기 때문에 폴리필이 꼭 필요한지부터 먼저 확인하는 것이 바람직하다. 책임감 있는 원칙의 관점에서 보면 지원하지도 않는 기능을 억지로 제공하는 것보다 질적으로 조금 떨어지는 경험을 제공하는 것이 나은 경우가 대부분이다. 폴리필의 사용 여부를 결정하는 주요 기준에는 세 가지가 있다. 그 기능을 통해 사용자의 경험이 얼마나 향상되는지, 페이지에 폴리필을 추가함으로써 성능 저하가 얼마나 발생하는지, 코드베이스에서 이를 빠르고 문제없이 삭제할 수 있는지 등을 고려해서 결정한다.

나의 반응형 디자인 경험에 의하면 몇 가지 폴리필은 대단히 유용했다.

매치미디어 : 자바스크립트를 이용한 미디어 쿼리

미디어 쿼리는 주로 CSS에서 사용하지만 자바스크립트 로직에도 적용하는 것이 좋을 때가 있다. 한 예로 갤러리에 맞게 크기가 조절된 이미지를 추가로 요청하는 경우를 들 수 있다. MatchMedia를 이용하면 자바스크립트에서 미디어 쿼리를 실행할 수 있다.

MatchMedia 사용법은 간단하다. window.matchMedia 함수에 쿼리나 미디어 타입을 전달해 호출하면 된다. 그러면 그 시점에 미디어의 적용 여부에 따라 true나 false 값으로 지정된 matches 속성을 가진 오브젝트를 리턴한다.

```
if( window.matchMedia( "(min-width: 45em)" ).matches ){
    // 뷰포트 폭이 최소 45em인 경우
}
```

한 가지 빠뜨린 것이 있는데 matchMedia는 CSS3 미디어 쿼리를 지원하는 브라우저 중에서도 이를 지원하지 않을 수 있다. 따라서 이를 사용하기 전에 브라우저에서 지원하는지, 그렇지 않을 경우 폴리필로 해결할 수 있는지의 여부를 확인해야 한다. 후자의 경우 나는 몇 년 전에 matchMedia에 대한 폴리필 코드를 만든 적이 있다. 폴 아이리시는 친절하게도 그 스크립트를 계속 유지할 수 있도록 깃허브 리포지터리를 만들었다(그림 2.20).

이 폴리필을 사용하려면 모든 브라우저에서 window.matchMedia를 사용할 수 있도록 페이지에 matchMedia.js 파일을 참고하기만 하면 된다. 심지어 CSS 미디어 쿼리를 지원하지 않는 브라우저에서도 사용할 수 있다. 속도는 그리 빠르지 않다. 또한 모든 미디어 쿼리 값에 매치하는 기능은 미디어 쿼리를 지원하는 브라우저에서만 작동한다(물론 screen과 같은 미디어 타입은 화면이 있는 디바이스라면 어디서나 작동한다).

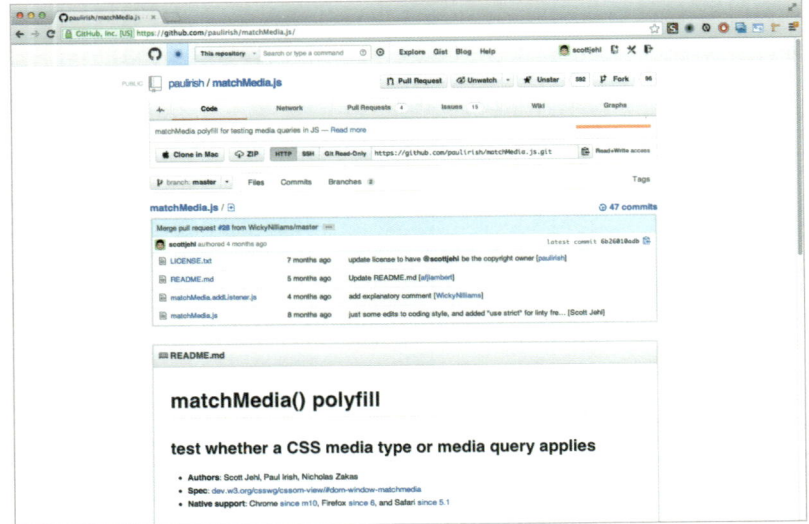

그림 2.20 스콧 젤, 폴 아이리시, 니콜라스 자카스^{Nicholas Zakas}가 관리하고 있는 `matchMedia.js` 프로젝트 (http://bkaprt.com/rrd/2-21/)

폴리필을 설정했다면 `matchMedia`를 이용해 CSS3 미디어 쿼리가 네이티브로 지원되는지 확인한다. 이렇게 해두면 나중에 최신 브라우저에서만 사용할 수 있는 고급 스크립팅을 추가할 경우 적합성 여부를 검사할 때 유용하게 사용할 수 있다. CSS에서와 마찬가지로 `only all` 미디어 쿼리로 이런 정보를 얻을 수 있다.

```
if( window.matchMedia( "only all" ).matches ){
    // 미디어 쿼리가 네이티브로 지원되는 경우
}
```

`matchMedia` API가 제공하는 또 다른 유용한 기능으로는 '리스너^{listener}'를 처리하는 것이 있다. 이 기능을 통해 처음 검사했던 `matchMedia` 쿼리의 상태 변화를 지켜볼 수 있다. 이 기능을 광범위하게

적용할 수 있도록 matchMedia.js 폴리필에서는 이를 지원하기 위한 리스너 확장 기능도 제공한다. matchMedia 리스너를 추가하는 방법은 간단하다. 앞에서 살펴본 것과 같이 matchMedia 함수를 호출한 다음 그 뒤에 addListener 메서드로 리스너를 지정해주면 된다. 예를 들면 다음과 같다

```
window.matchMedia( "(min-width: 45em)" ).addListener( »
    callback );
```

여기서 callback은 미디어 쿼리 상태가 true와 false 중에서 다른 값으로 변할 때마다 실행되며, 구체적인 동작은 직접 정의한다. callback 함수에 전달되는 첫 번째 인수는 matchMedia 오브젝트에 대한 참조reference다. 이를 통해 리스너가 실행될 때 matches 속성에 접근할 수 있다. 이 함수를 작성하는 예는 다음과 같다.

```
window.matchMedia( "(min-width: 45em)" )
    .addListener( function( mm ){
        if( mm.matches ){
            // 뷰포트 폭이 최소 45em인 경우
        }
        else {
            // 뷰포트 폭이 45em 이하인 경우
        }
} );
```

IE에서 미디어 쿼리 사용하기 : IE야, 제발 응답해줘

앞에서 설명한 것과 같이 인터넷 익스플로러 8 이하 버전에서는 CSS 미디어 쿼리를 지원하지 않는다. 다시 말해서 모바일 중심의 반응형 레이아웃을 데스크톱 컴퓨터에서 렌더링할 때 작은 화면용으로 표시된다. 물론 사용할 수는 있지만 큰 화면에 적합한 형태는

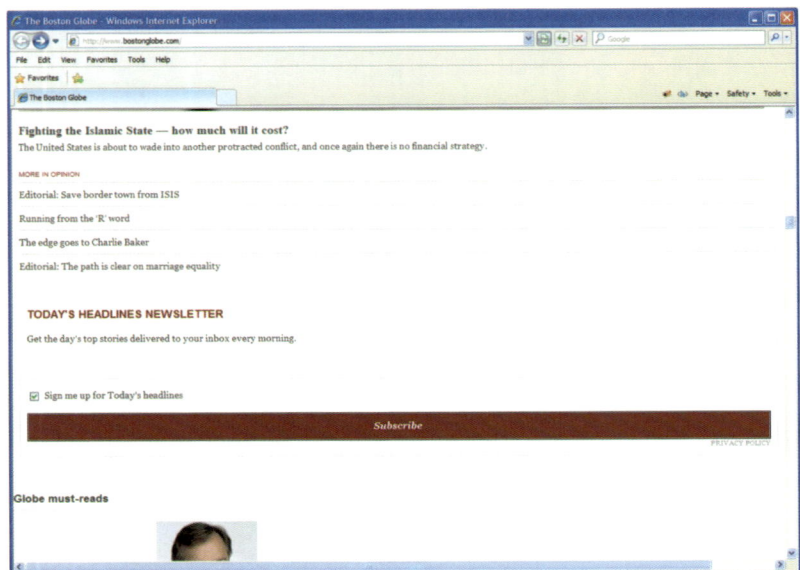

그림 2.21 《보스턴 글로브》 홈페이지를 IE에서 실행한 모습

아니다(**그림 2.21**).

　이런 단점을 안정적으로 우회하는 장치를 마련하지 않으면 반응형 디자인 전체에 찬물을 끼얹을 수 있다.

　나는 《보스턴 글로브》 프로젝트를 수행하는 중에 오래된 버전의 IE에서 반응형 레이아웃을 렌더링할 수 있도록 CSS3 미디어 쿼리를 처리하는 간단한 폴리필 스크립트인 respond.js(http://bkaprt.com/rrd/2-22/)를 만든 적이 있다. respond.js는 문서에서 참조한 스타일시트를 모두 읽고 그 안에 포함된 모든 미디어 쿼리를 찾아낸다. 이 스크립트는 이런 미디어 쿼리의 값들을 파싱해서 현재 뷰포트 창의 크기를 기준으로 최대 및 최소 폭을 비교한다. 일치하는 쿼리를 찾으면 그 쿼리에 담긴 스타일을 해당 페이지의 스타일 블록에 삽입한다. 이를 통해 미디어 쿼리를 지원하지 않는 브라우저에서도 스타일을 적용할 수 있으며, 브라우저 창의 크기가 변할 때마다 이 작업을 다시 실행한다. respond.js는 의도적으로 작고 빠르게 만들었으므로 min-width와 max-width 미디어 쿼리만 지원한다. 이것만으로도 오래된 IE 사용자에게 반응형 레이아웃을 적절한 수준으로 제공하기에 충분하다.

respond.js를 사용하려면 페이지에서 CSS를 참조하는 부분 뒤 아무 곳에나 이 스크립트를 참조하도록 작성하면 된다. 나는 이런 스크립트 참조 문장을 IE의 조건부 주석(오래된 IE는 이 부분을 무시하는 특수한 용도의 주석 문법)으로 감싸는 것을 권장한다. 따라서 이 파일은 이것을 지원하는 버전의 IE에서만 요청한다. 이런 조건부 주석은 'IE9 이하에서는 이 주석 안에 담긴 내용을 이 페이지에 있는 다른 HTML처럼 파싱한다'는 것을 의미한다.

```
<!--[if lt IE 9]><script src="respond.js"> »
    </script><![endif]-->
```

《보스턴 글로브》홈페이지에 이 스크립트를 추가함으로써 오래된 IE의 사용성을 더욱 높일 수 있었다(그림 2.22).

정적 CSS를 이용한 폴리필 자제하기

오래된 IE의 부족한 미디어 쿼리 지원을 책임감 있는 방식으로 보완하기 위한 또 다른 방법이 있다. IE에 CSS 규칙을 추가로 제공해 반응형 디자인의 광범위한 중단점에서 스타일을 강제로 렌더링하게 만드는 방법이다. 이 작업은 수동으로 직접 처리할 수도 있고, Sass와 같은 CSS 전처리기preprocessor를 활용할 수도 있다. 이것에 대한 자세한 내용은 2013년 제레미 키스가 기고한 "IE 다루기Dealing with IE"(http://bkaprt.com/rrd/2-23/)를 참고하기 바란다.

이 방식은 오래된 IE에서 반응형이 아닌 그냥 가변형 레이아웃

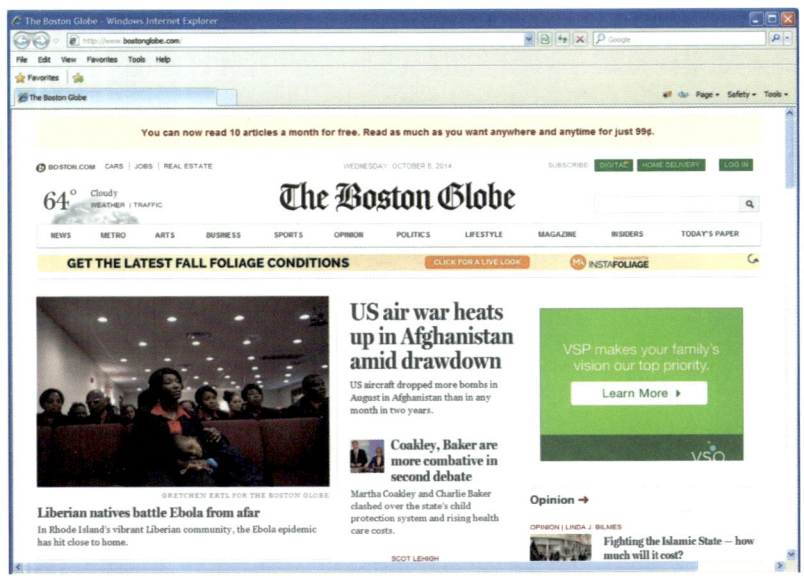

그림 2.22 《보스턴 글로브》 웹사이트를 IE8에서 불러온 모습 (미디어 쿼리 지원을 위해 `respond.js`를 사용함)

만 제공할 수 있는데, 가변형 레이아웃의 확장 범위를 얼마나 넓게 잡느냐에 따라 이 방식만으로도 충분할 수 있다. 하지만 사용자의 화면 크기와 제공하려는 레이아웃의 형태에 따라 이상적인 사용자 경험을 제공하기에는 부족할 수도 있다.

아무것도 하지 않기

세 번째 대안으로, 그냥 아무것도 하지 않고 반응형 사이트를 오래된 IE에 있는 그대로 제공할 수도 있다. 이런 경우 레이아웃이 디폴트로 설정되는 미디어 쿼리 미지원 상태에 머물게 된다. 레이아웃의 형태에 따라 이렇게 해도 문제가 없을 수도 있다. 특히 레이아웃의 길이를 사전에 검사해서 `max-width` 값을 적절히 설정하면 그렇다.

책임감 있게 테스트하기

웹사이트가 다양한 화면 크기, 입력 타입, 브라우저 종류 등에서 잘 작동하게 하는 방법으로 실제 디바이스에서 직접 테스트하는 것만큼 확실한 것은 없다. 이런 테스트 환경을 개인적으로 구축하기 위한 여러 가지 효과적인 방법에 대해서는 브래드 프로스트[Brad Frost]가 블로그에 올린 "은행을 털지 않고 실제 모바일 디바이스에서 테스트하기[Test on Real Mobile Devices without Breaking the Bank]"(http://bkaprt.com/rrd/2-24/)를 참고하기 바란다.

다양한 디바이스를 모두 마련하기에는 비용이 많이 든다. 그래서 여러 가지 유형의 디바이스에서 테스트하려면 일반적으로 근처에 있는 디바이스 테스트 랩을 활용할 수 있다. 다행히 최근 들어 이런 시설이 많이 생겨났다(그림 2.23). 가까운 곳을 찾고 싶다면 오픈 디바이스 랩(http://bkaprt.com/rrd/2-25/)을 방문해보기 바란다.

실제 디바이스에서 테스트하는 것이 가장 바람직하기는 하지만 지원하고자 하는 디바이스의 일부도 접하기 힘들 수 있다. 이렇듯 디바이스를 직접 다룰 수 없을 때 가장 좋은 해결 방법은 디바이스 에뮬레이터를 활용하는 것이다. 물론 이런 에뮬레이터에도 실제와 성능이 다르게 나타나거나, 화면 리프레시 주기가 느려 애니메이션을 테스트하기 힘들고, 실제 디바이스보다 네트워크 속도가 훨씬 빠르며, 물리적인 피드백 형태가 실제 디바이스와 다르게 나타나는 등(일반적으로 브라우저가 실행되는 하드웨어 환경과 다르기 때문에 발생하는)의 단점이 존재한다. 하지만 CSS 레이아웃과 자바스크립트 관련 문제를 확인하는 데는 꽤 신뢰할 만한 방식이다.

나는 브라우저스택[BrowserStack](http://bkaprt.com/rrd/2-27/)이라는 브라우저 에뮬레이터 환경에서 주로 테스트했다. 이렇게 하면 iOS와 안드로이드, 오페라 모바일뿐만 아니라 다양한 윈도우 및 맥 데스

그림 2.23 테스트 디바이스와 노트북 주위에 모인 회사 동료들. 사진 : 루크 로블르스키(http://bkaprt.com/rrd/2-26/)

크톱용 브라우저 환경에서 실시간으로 브라우저를 테스트할 수 있다(그림 2.24). 심지어 브라우저스택은 현재 사용하는 디바이스에서 간편하게 로컬 사이트를 테스트하는 기능도 제공하므로 테스트를 위해 페이지를 따로 업로드하지 않아도 된다.

또한 나는 대부분 구글 크롬이나 파이어폭스와 같은 강력한 개발 도구가 갖춰진 브라우저에서 개발 작업을 한다. 그 이유는 이런 브라우저에서 제공하는 코드 검사 기능은 개발 중인 사이트를 구성하는 여러 컴포넌트가 잘 맞물려 돌아가는지 확인하는 데 매우 유용하기 때문이다. 심지어 터치 이벤트와 같이 브라우저에서 기본적으로 활성화되어 있지 않은 기능을 테스트할 수도 있다. 특정한 기능 구현이 끝나면 사용성과 성능을 확인하기 위해 다른 물리적 디바이스나 에뮬레이터 버전에 대한 프로세스를 별도로 만들어

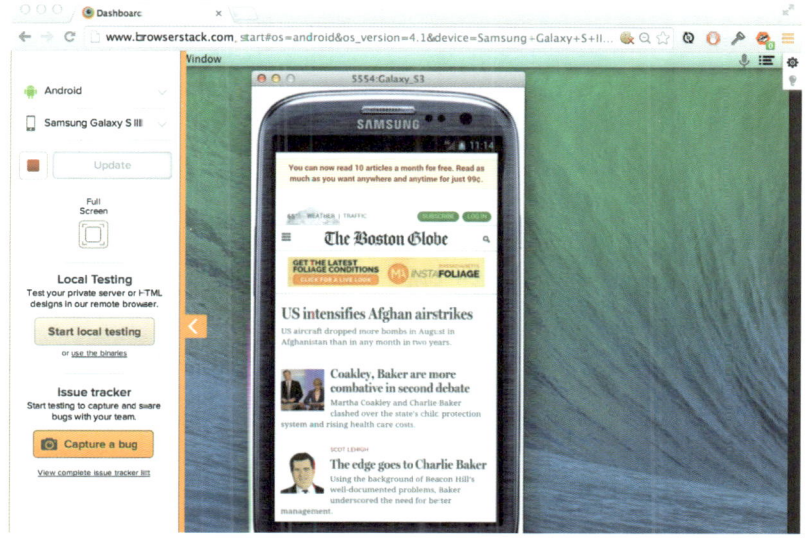

그림 2.24 브라우저스택 테스팅 서비스

서 개발 주기 동안 여러 차례 반복한다.

　브라우저 테스트 작업은 웹에 접속할 수 있는 디바이스들이 증가함에 따라 디바이스마다 약간씩 미묘한 차이를 보인다. 이로 인해 개발자들은 사용자 경험과 관련된 사소한 변화에 적절히 판단해서 대처해야 한다. 나는 특정 디바이스에서 웹사이트에 접속한 결과를 분석할 때 웹사이트의 디자인 및 기능과 관련해 나 자신에게 다음과 같은 질문을 한다.

- 웹사이트가 로딩되어 나타나기까지 걸리는 시간이 적절한가?
- 핵심 콘텐츠와 기능에 접근해서 사용하는 데 문제가 없는가?
- 레이아웃을 개선한 사항이 해당 디바이스에 적합한가?
- 텍스트를 쉽게 훑어볼 수 있는가? 라인의 길이가 가독성을 높

이는가?
- 디바이스에서 흔히 제공하는 입력장치(터치, 마우스, 키보드 등)에서 사이트를 조작하고 보는 데 문제가 없는가?
- 사용자가 탭하는 과정에서 페이지 내 옆에 있는 다른 항목을 건드리지는 않는가?
- 화면 방향이 바뀌거나 뷰포트 크기가 변하거나 폰트 크기가 달라져도 레이아웃이 깨지지 않는가?
- (보이스오버와 같은) 보조 기술을 사용하는 디바이스에서 콘텐츠를 읽을 때 의미가 잘 전달되는가?
- 페이지 스크롤을 효율적으로 처리하는가? 애니메이션도 자연스럽게 표현되는가?

테스트하는 디바이스의 종류가 많을수록 웹사이트에서 지원하는 사용자의 범위가 넓어질 확률이 높아진다.

다음 주제

이 장에서는 지속성 있는 크로스 브라우저 코드 작성과 관련된 여러 가지 어려운 점에 대해 살펴보았다. 이를 바탕으로 다음 장부터는 책임감 있는 반응형 디자인의 네 번째 원칙인 성능에 대해 살펴볼 것이다. 성능에 대한 주제는 원래부터 다룰 내용이 많기도 하고, 현재 반응형 웹사이트 제작에 많은 관심을 기울여야 하는 주제이므로 두 장을 할애해 설명하고자 한다.

그럼 먼저 속도에 대해 알아보자.

성능 고려하기

> 무엇인가 만들거나 상호작용에 대한 프로토타입을 제작할 때마다
> 항상 자신에게 물어보기 바란다. 내 기준에서 생각하는지, 아니면
> 사용자 입장에서 생각하는지.
>
> – 폴 포드Paul Ford, "열 개의 시간 단위10 Timeframes"(http://bkaprt.com/rrd/3-01/)

무엇인가 잘못하고 있을 때

현재 모바일 네트워크 환경에서 기준으로 삼는 페이지 로딩 시간은 대략 10초다. 그런데 이 시간은 성능이 떨어진 구식 네트워크를 사용하는 나라에서는 로딩에 걸리는 시간의 일부에 불과하다. 왜 이렇게 느릴까? 상당수의 원인은 개발자에게 있다. 그 이유는 브라우저의 기능을 충분히 활용하지 않고 필요한 기능만 단순하게 조

합해 무거워진 형태로 웹페이지를 전달하기 때문이다. HTTP 아카이브^{Archive}(http://bkaprt.com/rrd/3-02/)에서 조사한 바에 따르면 웹사이트의 평균 용량은 1.7메가바이트라고 한다(현재는 이것보다 가벼워졌을 수 있다. 최신 수치는 직접 확인해보기 바란다). 더 심각한 것은 HTTP 아카이브에서 조사한 대부분의 웹사이트는 반응형으로 제작되지 않고 특수한 환경(즉 큰 화면을 가진 기존 데스크톱 컴퓨터)만을 대상으로 제작되었다는 점이다.

이는 하나의 코드베이스로 최대한 많은 종류의 디바이스를 지원하려는 반응형(및 '책임감 있는') 디자이너 입장에서는 끔찍한 상황이다. 사실 반응형 디자인에 쏟아지는 비난의 원인은 현재 반응형으로 제작했다는 사이트 중 상당수가 엄청나게 큰 파일을 사용하기 때문이다. 예를 들어 화려하게 제작된 오클리^{Oakley}의 에어브레이크^{Airbrake} MX 사이트는 처음 등장할 때만 해도 파일 용량이 80메가바이트를 훌쩍 넘었지만, 그 후 엄청난 최적화 작업을 통해 훨씬 책임감 있는 형태로 개선되었다. 또한 미디어 파일로 도배된 디즈니 홈페이지는 5메가바이트 크기의 반응형 웹사이트 하나로 모든 디바이스에 제공하고 있다.

그렇다면 이런 반응형 웹사이트들이 무거운 이유는 무엇일까? 하나의 코드베이스만으로 모든 브라우저와 디바이스를 지원하는 것이 파일 크기가 증가하는 주요 원인이라고 볼 수 있다. 게다가 크기에 신경 쓰지 않았다면 말할 것도 없다. 반응형으로 디자인하다 보면 발생 가능한 모든 상황에 대한 응답 기능이 코드에 모두 담길 수밖에 없다. 또한 그중에서 꼭 필요한 부분만 꼭 필요한 시점에 전달하게 만들기에는 현재 기술로는 많은 한계가 있다.

겁먹지 말자

책임감 있는 반응형 디자인은 복잡하고 무거운 콘텐츠로 가득 찬 웹사이트에서도 얼마든지 실현할 수 있다. 하지만 저절로 되는 것은 아니다. 반응형 웹사이트를 빠르게 전달하려면 전달 방식에 매우 신경 써야 한다. 왜냐하면 애셋asset[1]을 구성하고 전달하는 방식에 따라 실제 사용자가 느끼는 페이지 로딩 속도가 엄청나게 달라지기 때문이다. 실제로 코드 자체의 무게보다는 코드를 '전달하는 방식'이 훨씬 중요하다

책임감 있게 전달하기란 쉽지 않다. 따라서 이 장에서는 네트워크를 통해 전달될 반응형 애셋을 최적화하기 위한 현실적인 방법에 대해 깊이 살펴보고자 한다. 본론으로 들어가기에 앞서 클라이언트 측 코드를 요청한 뒤 로딩, 렌더링하는 자세한 과정과 어디에서 성능 및 사용성 관련 문제가 발생할 수 있는지부터 살펴보자.

자, 그럼 지금부터 페이지 로딩 과정에 대해 간략히 살펴보도록 하자.

크리티컬 패스 따라가기

브라우저에서 페이지를 요청해 불러오는(로딩하는) 과정을 이해하면 코드를 책임감 있게 전달해 로딩 시간을 단축하는 데 많은 도움이 된다. 페이지를 요청하는 시점부터 페이지를 사용할 수 있게 되는 시점까지 발생하는 이벤트들을 기록해두면 웹 성능 분야에서 '크리티컬 패스critical path'라고 부르는 정보를 확보할 수 있다. 웹 개발

---

1 텍스트 콘텐츠, 이미지, 비디오, 오디오 파일, 데이터베이스 등을 비롯한 웹사이트의 구성 요소

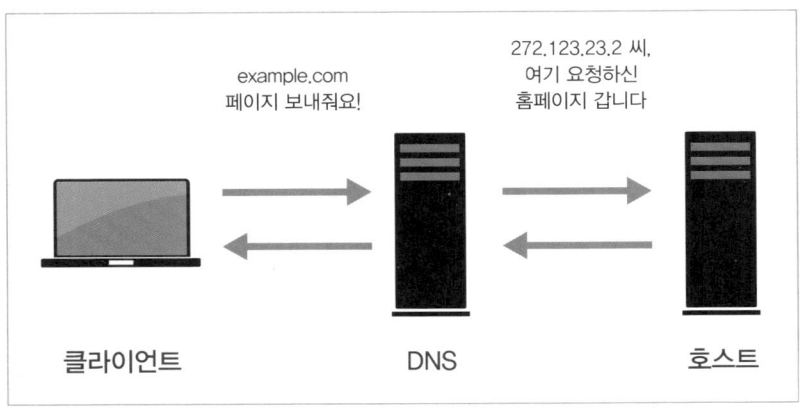

그림 3.1 웹 연결 과정

자로서 해야 할 일은 이 경로를 최대한 단축하는 것이다.

간략히 살펴본 요청 과정

HTTP 처리 과정에 대해 본격적으로 살펴보기에 앞서 웹에서 일어나는 모든 동작의 기반이 되는 브라우저와 웹 서버가 서로 데이터를 주고받는 과정부터 살펴보자. 사용자가 주소를 입력하고 이동 버튼을 클릭할 때부터 요청한 웹사이트의 페이지를 로딩하기 전까지 브라우저는 로컬 '도메인 네임 서비스'Domain Name Service : DNS'와 호스트 서버 사이에서 몇 가지 요청을 주고받는 작업을 처리한다. 참고로 DNS는 입력된 URL을 호스트를 찾는 데 적합한 형태인 IP 주소로 변환한다(그림 3.1).

와이파이(또는 구식 이더넷 케이블)로 웹에 접속하는 디바이스도 이와 동일한 과정을 거친다. 모바일 네트워크에 연결된 디바이스는 몇 가지 과정을 더 거친다. 먼저 브라우저에서 근처 기지국으로 요청을 보내면 이런 요청을 DNS로 전달한 뒤 브라우저-서버 통신

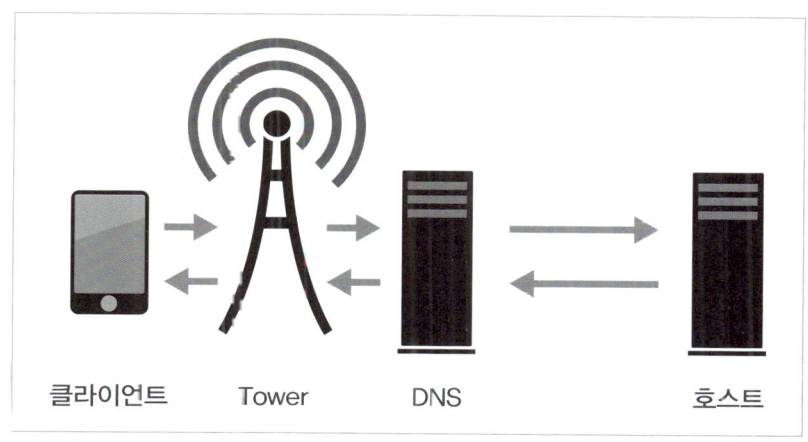

그림 3.2 모바일 디바이스는 먼저 기지국에 접속한다. 이로 인해 3G 기준으로 평균 2초 이상 더 걸린다 (http://bkaprt.com/rrd/3-04/).

단계로 접어든다. 3G와 같은 통신 기술에서도 무선 연결 속도는 컴퓨터 세상에서 볼 때 오랜 시간이 걸린다. 따라서 모바일 네트워크를 통해 원격 서버에 접속하는 데 걸리는 시간은 와이파이에 비해 2초 이상 더 걸린다(그림 3.2).

2초가 그리 길다고 느껴지지 않을 수도 있지만 사용자 입장에서는 지연 시간이 300밀리세컨드 정도로 짧게 발생해도 금방 감지할 수 있고 거북하게 느낀다. 이처럼 2초라는 지연 시간으로 인해 모바일 웹은 와이파이로 연결할 때보다 근본적으로 느릴 수밖에 없다.

다행히 최신 LTE 및 4G 기술의 등장으로 이런 속도 문제는 어느 정도 극복되었다. 또한 이런 최신 기술이 전 세계적으로 서서히 보급되고 있는 추세다. 하지만 아직은 항상 빠르게 접속할 수 있다고 단정해서는 안 된다. 오히려 그렇지 않다고 가정하는 것이 바람직하다. 속도가 얼마나 빠르냐에 관계없이 일단 서버에 연결된 뒤에는 기지국의 지연 시간 없이 파일을 주고받을 수 있다.

요청하고, 요청하고, 또 요청하라

브라우저에서 HTML 파일을 요청하는 과정에 대해 살펴보자. 브라우저가 특정한 HTML 파일을 요청하면 서버는 이에 대한 응답으로 HTML 파일을 여러 덩어리로 나눠서 보낸다. 브라우저는 이런 파일 덩어리가 올 때마다 적절한 절차에 따라 파싱한 뒤 추가로 요청해야 할 외부 링크를 찾고, 전달된 HTML을 '문서 객체 모델 Document Object Model : DOM'이라고 부르는 트리 형태의 HTML 요소로 변환한다. DOM을 구성한 뒤에는 자바스크립트를 통해 문서의 요소를 탐색하거나 조작할 수 있다. 그리고 CSS를 통해 요소의 스타일을 원하는 형태로 지정할 수 있다.

HTML 파싱 과정은 대단히 복잡하고 브라우저마다 조금씩 다르기 때문에 이것에 대해 설명하는 데만 책 한 권을 가득 채울 정도다. 이 책의 지면을 HTML 파싱으로 채우지 않도록 핵심 사항 한 가지만 살펴보자. 이때 브라우저의 HTML 파싱 및 렌더링과 관련해 확실히 이해해야 될 부분은 그 과정에서 실행되는 연산의 순서다.

- 예를 들어 CSS를 적용하기 가장 좋은 시점은 초기 페이지 레이아웃에 관련된 스타일을 모두 불러와서(로딩해서) 파싱한 뒤 HTML 문서가 화면에 렌더링되기 직전이다.
- 반면 자바스크립트는 페이지를 모두 불러와서 렌더링한 뒤에 적용하는 것이 가장 좋다.

그렇지만 자바스크립트와 CSS는 모두 크리티컬 패스를 거치는 과정에서 발생하는 여러 가지 문제로 인해 로딩과 렌더링 과정이 멈춤(블로킹 blocking 될) 수 있다. 이런 로딩 및 렌더링 과정의 처리 순서에 대해 좀더 자세히 알아보자.

렌더링과 블로킹

HTML 문서를 가장 빠르게 로드하는 방법 중 하나는 외부 파일을 일체 참조하지 않는 것이다. 하지만 페이지를 이렇게 구성하는 경우는 거의 없다. 일반적으로 HTML 문서는 CSS, 자바스크립트, 폰트, 이미지 등과 같은 다양한 외부 애셋을 참조한다.

   HTML 문서의 `head` 안에 `link`나 `script` 요소가 차례로 담겨 있는 경우를 흔히 볼 수 있다. 브라우저는 기본적으로 이런 애셋이 완전히 로딩되고 파싱될 때까지 페이지를 렌더링하지 않고 기다린다. 이런 동작을 '블로킹'이라고 한다(그림 3.3). 반면 이미지는 블로킹하지 않는다. 브라우저는 이미지 로딩이 완전히 끝날 때까지 기다리지 않고 페이지를 렌더링한다.

   이름에서 풍기는 이미지와 달리 CSS에 대한 렌더링을 블로킹함으로써 오히려 UI를 일관성 있게 로딩할 수 있다. CSS가 준비되기 전에 페이지를 로딩하면 스타일이 적용되지 않은 기본 페이지가 나타난다. CSS 로딩이 끝난 뒤 브라우저가 이를 적용하면 페이지 콘텐츠를 새로운 스타일에 맞게 다시 정렬한다. 이런 두 단계 과정을 '화면 깜박임 flash of unstyled content : FOUC'이라고 하는데, 이는 사용자를 대단히 거슬리게 한다. 따라서 CSS 로딩 시간이 오래 걸리지 않는다면 CSS가 준비될 때까지 페이지 렌더링을 블로킹하는 것이 훨씬 바람직하다. 물론 CSS를 빠르게 로딩하게 만드는 것이 항상 쉬운 일은 아니다.

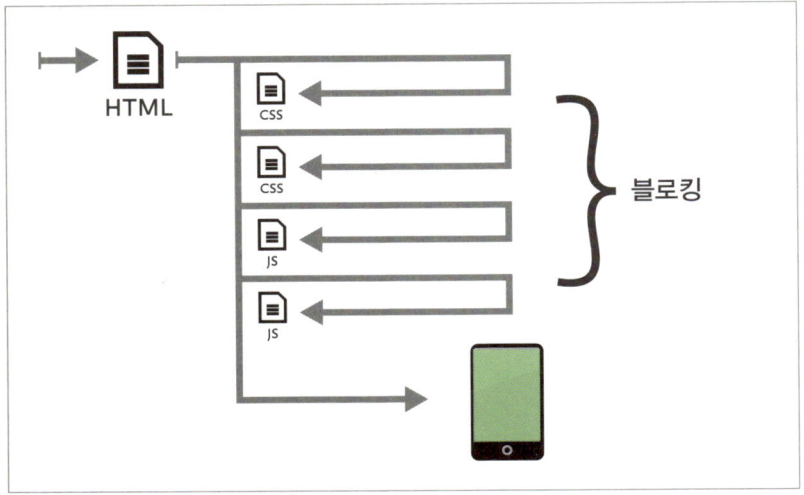

그림 3.3 페이지를 로딩하는 동안 CSS 및 자바스크립트 요청 블로킹하기

자바스크립트에 블로킹이 발생하면 사용자 경험이 크게 떨어지기 때문에 더 즉각적으로 반응하도록 파싱 과정에서 아무 때나 HTML을 직접 주입할 수 있게 document.write라는 자바스크립트 메서드를 남발하게 된다. 최근 document.write를 사용하는 것은 좋지 않은 관행으로 여겨진다. 그럼에도 불구하고 더욱 향상된 디커플링 메서드decoupling method를 JS에서 제공하고 있지만 현실적으로 document.write는 여전히 사용되고 있다. 특히 광고를 추가할 때 많이 사용한다. document.write를 사용함으로써 발생하는 가장 큰 문제는 페이지 로딩이 끝난 뒤 이 부분이 실행되면 기존 콘텐츠를 덮어쓴다는 것이다. document.write는 document.wrong인 셈이다(썰렁하다면 사과하겠다). 아쉽게도 스크립트에서 document.write를 남발하고 있는지 브라우저 입장에서 알 수 있는 방법이 없다. 따라서 브라우저는 최대한 보수적인 관점에서 이런 문장이 많다는 가정하에

작동한다. 블로킹으로 인해 페이지 전체가 모두 지워지는 현상은 막을 수 있을지 몰라도 스크립트를 완전히 로딩할 때까지 사용자는 페이지에 접근할 수 없게 된다. 심지어 그 스크립트로 인해 발생하는 문제가 전혀 없을 때도 마찬가지다. 따라서 document.write를 사용하지 않는 것은 자바스크립트와 관련된 이런 문제를 해결하기 위한 가장 중요한 첫걸음이다. 이런 디폴트 블로킹 동작 없이 스크립트를 로딩해 성능을 눈에 띄게 향상시킬 수 있는 여러 가지 기법에 대해 다음 장에서 자세히 소개하겠다.

사용하는 개발 도구 익히기

브라우저에는 내부즈으로 처리되는 과정을 자세히 볼 수 있도록 페이지를 검사, 테스트, 분석하는 데 필요한 뛰어난 기능을 제공하는 다양한 도구들이 기본으로 내장되어 있다. 브라우저마다 제공되는 이런 도구는 최대한 익혀두는 것이 좋다. 여기서는 내가 애용하는 크롬의 개발자 도구를 중심으로 소개하려고 한다. 이 도구로 페이지 로딩 성능과 관련된 작업을 할 때 특히 유용한 것은 네트워크[Network]와 타임라인[Timeline](크롬 57부터는 Performance로 명칭 변경)이다.

   네트워크 패널은 페이지를 렌더링하기 위해 브라우저가 요청하는 모든 애셋의 상세 정보를 담고 있다(그림 3.4). 이 패널은 파일 종류, 캐시 상태, 크기, 요청 시간 등과 같은 항목들이 각각의 열에 표시된다. 그중에서도 가장 중요한 영역은 하단에 있는 전체 현황을 정리한 부분이다. 나의 친구인 매트 마키스[Mat Marquis]는 이 창을 '감시 패널'이라고 부르는데, 매우 공감이 가는 표현이다. 웹사이트의 전달 과정에서 발생하는 현황을 자세히 평가하기에는 이 패널만큼

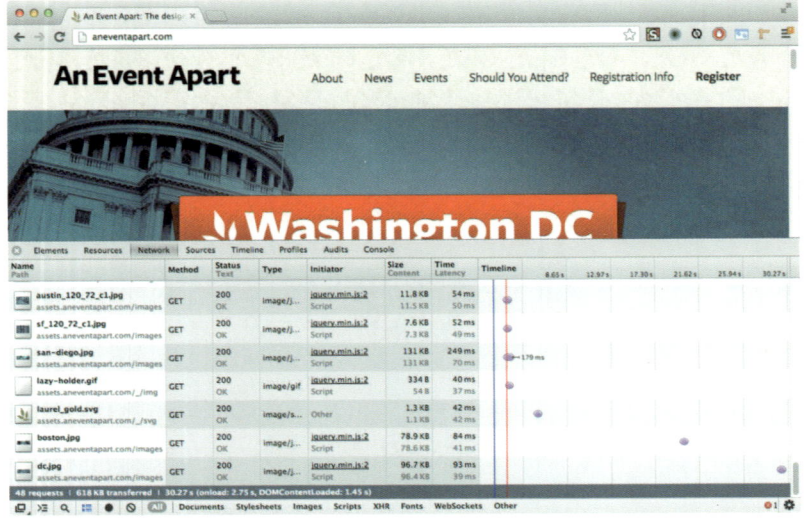

그림 3.4 크롬 브라우저의 네트워크 패널

좋은 방법이 없다.

　타임라인 패널을 보면 여러 가지 애셋이 로딩되고 렌더링되는 순서를 자세히 알 수 있다. 게다가 이런 과정이 시간 흐름에 따라 위에서 아래로, 왼쪽에서 오른쪽으로 폭포수 형태의 도표로 표시되어 한눈에 보기에도 좋다(그림 3.5). 타임라인 창을 통해 표시되는 페이지 로딩 과정이나 사용자와의 상호작용 과정을 기록해두면 페이지의 각 요소들이 렌더링되기까지 얼마나 오래 걸렸는지, 어떤 HTTP 요청 때문에 렌더링이 지연되었는지, 개선된 코드 중에서 레이아웃을 재구성하게 만든 것은 없는지, 요소를 다시 렌더링하는 부분은 없는지 등을 분석하기에 좋다. 나는 이 도구를 통해 파일을 어떻게 합쳐서 로딩하게 할지 등과 같은 여러 가지 개선점을 찾아내는 경우가 많다. 이렇게 얻은 아이디어로 수정한 다음 다시 로딩 과정을 기록하면서 변경한 부분으로 인해 실제로 성능이 향상되었

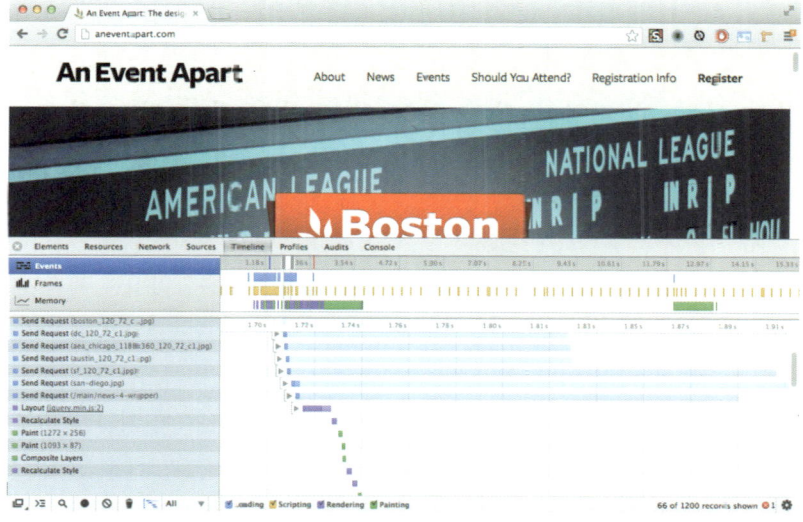

그림 3.5 크롬 개발자 도구의 타임라인 패널

는지 다시 한 번 확인한다.

페이지를 로딩하고 파싱하는 방식은 브라우저마다 조금씩 다르다. 따라서 한 가지 이상의 개발자 도구를 익히길 권한다. IE, 파이어폭스, 오페라, 사파리 그리고 안드로이드용 크롬이나 iOS용 사파리와 같은 모바일 브라우저는 변함없이 디버깅 도구를 제공한다. 이런 개발자 도구는 사용하기 쉬울 뿐만 아니라 버그를 잡는 데 굉장히 유용하다. 이런 각 브라우저에서 제공하는 개발자 도구의 사용법에 대해서는 브라우저 개발자 도구 사용 비법 Secrets of the Browser Developer Tools(http://bkaprt.com/rrd/3-05/)을 참고하기 바란다.

가장 중요한 척도는 체감 성능

성능에 대해 평가할 때 시간과 용량 같은 양적 척도뿐만 아니라 체감perceived 페이지 로딩 시간 같은 질적인 척도도 함께 고려해야 한다. 실제로 페이지에 담긴 모든 애셋의 다운로드가 끝나기 한참 전부터 페이지에 접속하는 경우가 많다. 오히려 전체 페이지를 로딩하는 시간보다 체감하는 로딩 시간이 더 중요하다(3G 환경에서 페이지를 완전히 로딩하는 데 10초가 걸릴 때 사용자가 페이지를 다루는 시점은 그보다 몇 초 빠르다). (페이지가 완전히 로딩될 때까지 로딩 중이라는 아이콘을 보여주는 것처럼) 실제 페이지의 로딩 시간은 변함없지만 체감 성능perceived performance과 인지 성능을 더욱 향상시키는 방법이 매우 다양하게 나와 있다. 일반적으로 '충분히 빠르게' 페이지를 로딩한다고 판단하는 사실상의 표준 시간은 1초다. 그리고 이 기준을 만족할 수 있게 최적화하는 방법에 대해 설명하는 자료도 매우 많이 나와 있다.

구글의 '페이지스피드 인사이트PageSpeed Insights'(http://bkaprt.com/rrd/3-06/)를 예로 들 수 있다. 페이지스피드 인사이트는 여러분이 제작한 웹사이트를 분석해서 개선점을 알려주는 여러 가지 웹 애플리케이션과 브라우저 확장 기능을 제공한다. 참고로 **그림 3.6**은 필라멘트 그룹에서 고도로 최적화한 사이트를 페이지스피드 인사이트로 테스트한 결과를 보여주고 있다. 이런 결과가 있다면 자신이 만든 웹사이트가 얼마나 빠른 속도로 로딩할 수 있는지 자랑하기 좋다.

체감 성능 면에서 사이트를 분석하고 싶다면 구글의 패트릭 미넌Patrick Meenan이 시작한 프로젝트인 웹페이지테스트WebPagetest를 (http://bkaprt.com/rrd/3-07/) 강력히 추천한다(**그림 3.7**). 웹페이지테스트를 사용하려면 URL과 함께 결과로 보고 싶은 여러 가지 항목을 폼 필드에 작성하기만 하면 된다. 심지어 전 세계 여러 곳에서 실행한 결과도 보여주는 놀라운 기능도 제공한다. 테스트가 끝나면 페이지 성능에 대한 결과를 상세히 볼 수 있다.

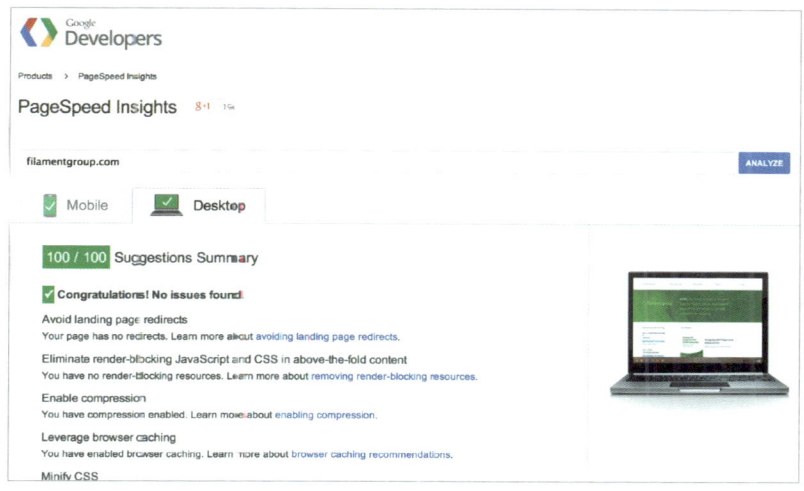

그림 3.6 필라멘트 그룹 사이트를 페이지스피드 인사이트로 분석한 결과

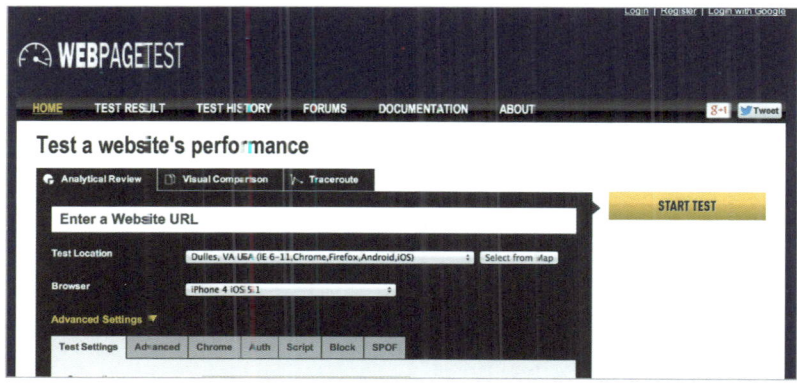

그림 3.7 체감 성능을 측정하기 위한 뛰어난 도구인 웹페이지테스트

웹페이지테스트의 지표 중에서도 체감 성능과 관련해 가장 주의 깊게 살펴볼 항목은 스피드 인덱스$^{Speed\ Index}$(속도 지수)다. 스피드 인덱스는 뷰포트 크기나 페이지 렌더링 시작 시간과 같은 요인을 고

려해 페이지가 처음 사용할 만한 상태에 도달할 때까지의 시간을 점수로 환산해서 보여준다. 이 값은 낮을수록 좋다. 구글에 따르면 알렉사 상위 30만 사이트에 대한 스피드 인덱스의 평균값은 4,493이고, 상위 10퍼센트의 평균값은 1,388이라고 한다. 얼마나 빨라야 빠르다고 할 수 있을까? 구글의 개발자인 폴 아이리시는 1,000 정도면 최고로 볼 수 있다고 한다(http://bkaprt.com/rrd/3-08/).

스피드 인덱스 점수를 낮추기란 쉽지 않다. 아무리 페이지를 잘 만들었다고 해도 서드파티 광고나 기존에 사용하던 슬라이드 쇼 컴포넌트 등으로 인해 체감 성능이 떨어질 수 있다. 내가 생각하기에 이런 상황에 최대한 잘 대처하기 위한 좋은 방법은 성능 관련 예산을 최대한 빨리 확보하는 것이다.

성능 예산에 대해

'성능 예산performance budget'은 최근에 등장한 개념으로, 아직까지 웹 커뮤니티에서 이를 강제하기는커녕 구체적으로 어떻게 정의할지조차 고민하고 있다. 그러나 기본 개념은 명확하다. 성능 예산이란 수치 또는 여러 수치의 집합으로서 코드베이스에 특정한 코드를 추가할 여력이 있는지 또는 기존 웹사이트의 성능을 좀더 향상시킬 필요가 있는지를 가늠하는 기준으로 삼는 수치다. 예를 들어 페이지 전송 용량을 "페이지 용량이 X킬로바이트를 초과하지 않고 요청 횟수도 Y번을 넘지 않아야 한다"와 같이 표현하거나, 체감 로딩 시간을 "X초 이내에 페이지를 사용할 수 있어야 한다"처럼 수치로 표현할 수 있다. 물론 나는 이런 두 요소 모두 기준으로 삼는다. 또한 고객에게 이런 수치를 제공함으로써 개발이 진행되는 동안 이런 수치를 일정하게 유지하는 데도 도움이 된다. 이는 개발팀만을 위해 사용하는 지표가 아니다. 웹사이트와 관련된 모든 이들이 지속적으로 살펴볼 수 있다.

이런 점을 감안할 때 성능은 단순히 기술적인 문제라기보다는 오히려 조직 내부의 문화와 관련이 많다. 성능이 뛰어나다는 것은 설계가 뛰어나다는 것을 의미한다. 더불어 성능은 나중에 개발자가 보완해줄 대상이 아니라 개발 초기부터 고려해야 할 우선순위의 대상이기도 하다. 프로젝트 초기 단계에 내린 결정 사항은 코드 구현 단계로 넘어갈 때 직면하는 여러 가지 문제에 엄청난 영향을 미친다. 또한 개발자는 웹사이트를 계획하는 초기 단계에서 팀원에게 이때 채택한 콘텐츠와 디자인 전략이 웹사이트의 성능에 얼마나 영향을 미치는지를 확실히 주지시켜야 한다. 팀 캐들렉Tim Kadlec이 "총체적 성능Holistic Performance"이라는 글에서 설명한 바와 같이 성능은 사용자 경험의 핵심 요소다(http://bkaprt.com/rrd/3-09/).

성능 예산에 구체적으로 어떤 수치를 포함시켜야 할지를 파악하는 것은 쉽지 않을 뿐만 아니라 프로젝트마다 다르다. 처음부터 새롭게 시작하는 입장이라면 경쟁 웹사이트의 성능을 분석해서 얼마나 빠르게 해야 앞설 수 있는지 가늠해보는 것도 성능 예산에 대한 개념을 잡기 위한 좋은 방법이다. 웹사이트의 성능을 향상시키기 위해 코드를 추가할 때는 응답 시간의 상한선을 정해두고 이 선을 넘지 않도록 최선을 다해야 한다.

나는 코드 개발 과정에서 성능 예산을 초과하지 않도록 감시하기 위해 팀 캐들렉이 개발한 Grunt-PerfBudget(http://bkaprt.com/rrd/3-10/) 도구를 사용한 적이 있다. 이것은 명령행command-line 유틸리티 형태의 도구로서 웹사이트 코드를 변경할 때마다 자동으로 실행되게 설정할 수 있다. 기본 설정 상태에서 이 도구는 검사하려는 웹 페이지를 원격 웹페이지테스트 서버에서 테스트한 뒤 미리 설정한 성능 예산을 기준으로 통과했는지의 여부를 알려준다. 나는 초기 렌더링에 대한 스피드 인덱스를 주로 1,000(1초)으로 설정한다. 이같이 설정해 테스트하면 다음과 같은 결과를 얻을 수 있다.

```
$ grunt perfbudget
Running "perfbudget:dev" (perfbudget) task
Running test...
Test ID ADKLKJCLKD.... obtained....
Test Pending...
Test Started...
>> ----------------------------------------------
>> Test for http://client-website.com/     FAILED
>> ----------------------------------------------
>> render: 594 [PASS]. Budget is 1000
>> SpeedIndex: 1049 [FAIL]. Budget is 1000
>> Summary: http://www.webpagetest.org/result/140712_
EJ_....
```

요청 과정의 블로킹은 최소한으로

요청과 관련해 한 가지 조언을 하자면 문서에서 보낸 요청에 대한 응답을 기다리는 부분을 최소화하는 것이다. HTTP 요청을 보낸 뒤 블로킹될 때마다 사용자와 콘텐츠 사이에는 장벽이 생긴다. 게다가 블로킹되었던 요청이 결국 로딩 실패로 이어지면 사용자는 그 요청이 만료될 때까지 사이트에 접속할 수조차 없게 된다. 참고로 최신 브라우저는 대부분 요청 만료 시간을 30초로 지정하고 있다. 이는 사용자가 하얗고 매끈한 시간 초과 화면만 바라보고 있기에는 매우 긴 시간이다. 물론 사용자가 사이트를 떠나지 않고 머물러 있을 때의 이야기다.

이런 블로킹되는 요청을 줄이면 전달하려는 파일을 더 빨리 로드할 수 있도록 최적화할 기회가 늘어난다.

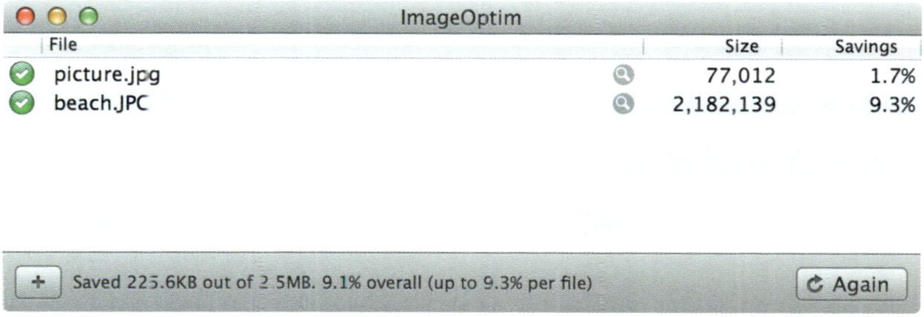

그림 3.8 드래그 앤드 드롭 방식의 이미지옵팀 인터페이스

웹으로 전달할 파일 준비하기

브라우저로 전달할 프런트엔드 파일을 준비할 때 네트워크로 전송할 총 파일 수를 최소화할 뿐만 아니라 각각의 파일 크기도 최대한 작게 만들어야 한다.

이미지 파일 최적화하기

전달할 이미지는 최대한 가볍게 만든다. 이때 이미지를 압축하는 방식이 중요한데, 이미지를 압축하는 과정 자체는 간단하다. 포토샵 같은 프로그램의 저장 메뉴에서 내보내기export 설정을 수정하면 된다. 또는 이미지 최적화에 특화된 전용 도구를 사용해도 된다. 나는 '이미지옵팀ImageOptim'(http://bkaprt.com/rrd/3-11/)이라는 도구를 주로 사용하는데, 여러 파일을 배치 프로세싱 방식으로 처리할 수 있도록 간단히 드래그 앤드 드롭으로 파일을 선택하는 인터페이스를 제공한다(그림 3.8). 이 도구 창에 원하는 파일을 끌어다놓으면 최적화된 형태로 바꿔준다.

이런 작업을 좀더 자동화하고 싶다면 몇 가지 강력한 기능을 제공하는 명령행 방식의 이미지 압축 도구들을 활용해도 좋다.

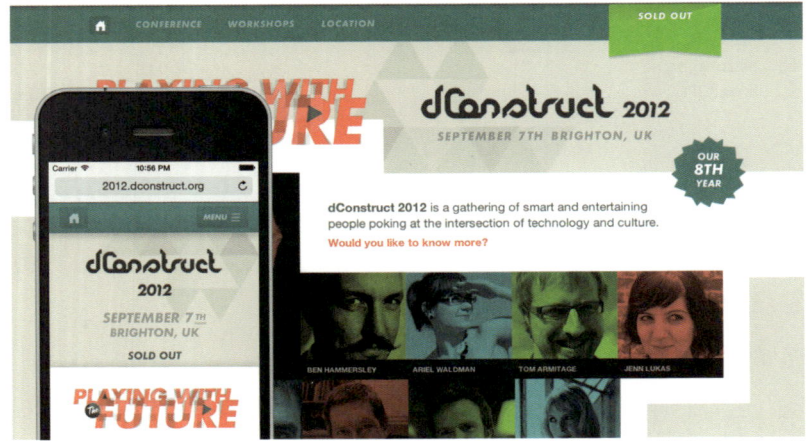

그림 3.9 책임감 있게 제작된 디컨스트럭트 콘퍼런스 사이트(http://bkaprt.com/rrd/3-15/)

OptiPNG(http://bkaprt.com/rrd/3-12/)와 jpegtran(http://bkaprt.com/rrd/3-13/)은 각각 PNG와 JPEG 이미지를 최적화하는 도구로서 grunt-contrib-imagemin(http://bkaprt.com/rrd/3-14/)과 같은 자동 빌드 워크플로 도구와 쉽게 연동할 수 있다.

이미지를 압축할 때 다양한 색상과 명암비를 사용한 이미지보다 단순하게 만든 이미지가 더 잘 압축된다. 일부 디자이너는 파일 크기 제약 사항을 먼저 설정하는 극단적인 방법으로 기존에는 볼 수 없었던 창의적인 결과를 만들어내기도 한다. 예를 들어 클리어레프트Clearleft라는 뛰어난 디자인팀에서 제작한 디컨스트럭트dConstruct 2012 사이트는 두 가지 색상으로만 구성된 이미지를 이용해 용량을 대폭 줄였을 뿐만 아니라 디자인도 굉장히 독특하고 강렬하다(**그림 3.9**). 시각적으로 대단히 화려함에도 불구하고 홈페이지 용량은 고작 230킬로바이트에 불과하다.

텍스트 파일 연결하기

로딩할 파일의 수를 줄인다는 것이 곧 파일을 삭제하는 것을 의미하지는 않는다. CSS와 자바스크립트에서는 '연결concatenation' 기법으로 파일을 자동으로 합치는 방법을 주로 사용한다. 결국 블로킹 요청이 적을수록 더 좋다. 이때 파일을 직접 합쳐도 되고, 자동 프로세스로 처리해도 된다. 참고로 어느 정도 규모가 있는 복잡한 사이트라면 도구 활용을 권장한다.

가장 간단한 방법은 터미널 창에서 $ cat 명령을 실행하는 것이다. 이 명령은 연결할 원본 파일, > 문자, 연결된 결과 파일로 구성된다. 연결할 원본 파일이 여러 개일 경우 각 파일 사이에 공백을 넣어 구분한다

```
$ cat foo.js bar.js > foobar.js
```

텍스트 파일 축약하기

디바이스에서 불러와야 할 파일의 수를 줄였다던 이제 연결된 파일을 최대한 작게 만든다. 방법은 여러 가지가 있다. 첫 번째 방법은 '축약minification'으로, 파일에서 브라우저가 파싱할 때 필요 없는 부분을 자동으로 제거하는 기법이다. HTML 파일에서 공백이나 행 바꿈line break 등이 여기에 해당한다. CSS나 자바스크립트 파일에서도 공백과 주석, 행 바꿈 등이 축약 대상이지만 자바스크립트의 경우 여기서 더 나아가 변수 이름의 글자 수를 줄이도록 변경하는 기법도 종종 사용한다(컴퓨터 입장에서 변수 이름 자체에는 큰 의미가 없기 때문이다)(그림 3.10).

파일을 축약하면 행 바꿈 하나 없이 단 한 행만으로 표현되는 경우가 많다.

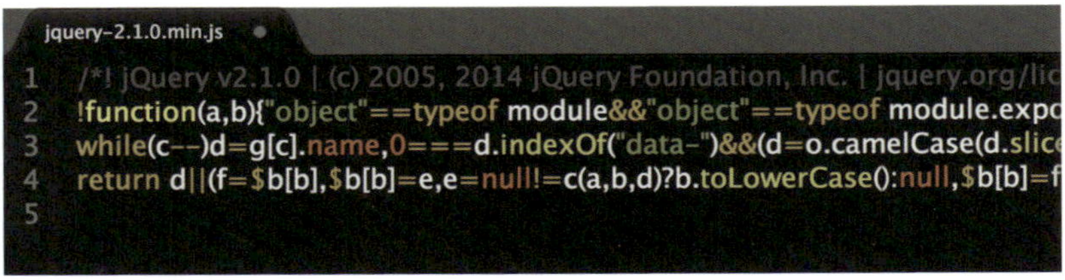

```
jquery-2.1.0.min.js
1  /*! jQuery v2.1.0 | (c) 2005, 2014 jQuery Foundation, Inc. | jquery.org/lic
2  !function(a,b){"object"==typeof module&&"object"==typeof module.expo
3  while(c--)d=g[c].name,0===d.indexOf("data-")&&(d=o.camelCase(d.slice
4  return d||(f=$b[b],$b[b]=e,e=null!=c(a,b,d)?b.toLowerCase():null,$b[b]=f
5
```

그림 3.10 서브라임 텍스트 2에서 축약한 제이쿼리 코드

제이쿼리 다운로드 페이지에서는 이렇게 축약된 형태로 제공되는 파일을 '프로덕션 버전production version'이라고 한다. 사람이 읽기 힘들 뿐만 아니라 디버깅 과정에서 행 번호도 나오지 않기 때문이다 (행 바꿈이 없기 때문에 행 번호도 나오지 않는다).

텍스트 파일 압축하기

텍스트 파일을 연결해 축약했다면 웹을 통해 전송하기 전에 압축해야 한다. 흔히 사용하는 압축 프로토콜인 지집Gzip은 서버와 브라우저 간의 전송을 위해 텍스트 파일을 더 작게 만든다. 지집과 지집에서 사용하는 디플레이트Deflate 알고리즘의 작동 방식에 대한 자세한 내용은 안테우스 펠드스파Antaeus Feldspar가 설명한 자료를 참고하기 바란다(http://bit.ly/34BjhgQ).

최신 브라우저는 요청을 보낼 때마다 지집으로 압축된 파일의 압축 해제를 서버에게 알리도록 구성되어 있다. 지집은 대부분의 웹 서버에서 지원하므로 쉽게 설정할 수 있다. 예를 들어 아파치 서버에서 모든 HTML, CSS, 자바스크립트 파일에 지집으로 압축하도록 설정하려면 웹사이트의 공용 루트 폴더에 .htaccess라는 파일을 추가하고 그 파일 안에 다음 명령을 추가한다.

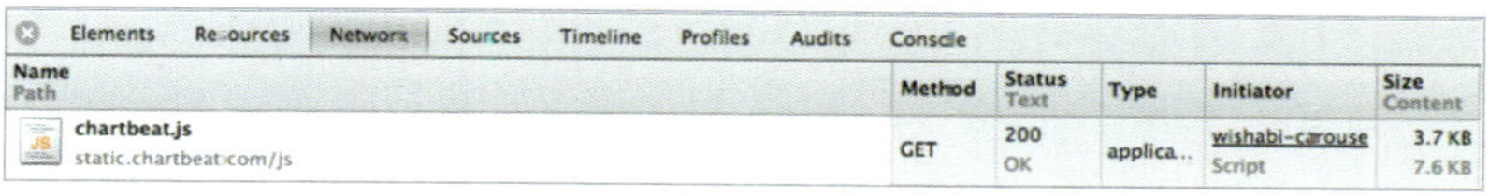

Elements
Resources
Network
Sources
Timeline
Profiles
Audits
Console
Name
Path
Method
Status
Text
Type
Initiator
Size
Content
chartbeat.js
static.chartbeat.com/js
GET
200
OK
applica...
wishabi-carouse
Script
3.7 KB
7.6 KB

그림 3.11 크롬의 개발자 도구에서 지집으로 압축한 자바스크립트를 요청한 과정의 화면

```
<IfModule mod_deflate.c>
AddOutputFilterByType DEFLATE text/html text/css text/
javascript
</IfModule>
```

지집으로 제대로 압축되는지 확인하려면 웹사이트에 접속한 두 브라우저 개발자 도구의 네트워크 패널을 띄운다. 한 파일에 두 가지의 파일 크기가 표시되면 제대로 작동하고 있는 것이다. 예를 들어 크롬 브라우저의 네트워크 패널에서는 Size 열에 작은 파일 하나와 큰 파일 하나가 표시된다(하나는 3.7킬로바이트이고, 다른 하나는 7.6킬로바이트다)(**그림 3.11**). 각각 (지집으로 압축된) 파일의 전송 크기와 (브라우저에서 압축을 해제한) 실제 크기를 나타낸다.

모든 것은 캐시에 달렸다

전달할 애셋을 준비하는 방법에 대해 설명할 때 파일에 대한 복사본을 로컬에 저장하는 브라우저의 캐시cache에 대한 이야기를 하지 않을 수 없다. 캐시는 복잡한 주제이기는 하지만 기본 작동 방식과 최신 브라우저에서 이를 사용하는 다양한 방법에 대해 간략하게나마 알아두면 웹사이트 속도를 향상시키는 데 많은 도움이 된다.

일반적인 캐싱 과정 최적화하기

먼저 브라우저에서 기본적으로 사용하는 캐시부터 살펴보자. 이런 기본 캐시default cache는 요청한 파일을 자동으로 저장해서 다음에 동일한 파일이 필요할 때 네트워크를 통해 요청하지 않고 로컬에 저장된 복사본을 사용할 수 있게 한다. 웹사이트에서 사용하는 대부분의 애셋은 브라우저의 캐시에 잠시 저장하는데, 그중 일부는 매우 오랫동안 저장하기도 한다. 단 예외가 있다면 채팅 서비스의 라이브 텍스트처럼 콘텐츠 자체가 굉장히 동적인 경우는 캐시에 저장하지 않는다.

웹을 통해 파일을 제공할 때 그 파일을 캐시에 저장할지의 여부를 다양한 방식으로 지정할 수 있다. 이런 사항은 응답 헤더에 설정하며, 서버에서 응답을 보낼 때마다 추가하는 메타데이터 형태로 표현한다. 응답 헤더를 설정하는 작업은 아파치를 비롯한 모든 종류의 웹 서버에서 쉽게 처리할 수 있다. 예를 들어 Expires 헤더에 한 달 또는 1년과 같이 기간을 길게 설정하면 브라우저는 해당 파일을 그때까지 보관한다. 단 주의할 점은 단기간에 변경할 일이 거의 없는 파일만 장기적으로 캐시에 저장해야 한다(CSS, 자바스크립트, 이미지 및 폰트 파일 등이 여기에 해당하는데, 최신 글 목록을 담은 HTML 같은 것들은 길게 설정해서는 안 된다). 캐시 최적화 설정 방법에 대한 자세한 내용은 HTML5 보일러플레이트 권장 사항Boilerplate's recommendation(http://bkaprt.com/rrd/3-17/)과 구글의 웹 속도 향상 도구 모임Make the Web Faster suite of tools(http://bkaprt.com/rrd/3-18) 사이트를 참고하기 바란다.

HTML5의 오프라인 캐시 활용하기

최신 브라우저에서는 일반적인 캐시뿐만 아니라 디바이스가 오프라인 상태일 때도 캐시에 접근할 수 있는 기능을 제공한다. 이런 캐시는 일시적으로 네트워크에 연결할 수 없을 때 특히 유용한데, 네트워크 인프라가 잘 갖춰진 선진국에서도 이런 일이 종종 발생하기도 한다(예를 들면 지하철을 타고 갈 때나 모바일 기지국으로부터 잠시 신호를 받을 수 없는 경우). 이렇게 오프라인에서도 웹사이트를 사용할 수 있게 해주는 기능의 대표적인 예가 HTML5의 애플리케이션 캐시다. 웹사이트에 파일을 추가할 때 이름을 example.appcache와 같이 지정하면 어플리케이션 캐시를 사용할 수 있다. 이 파일을 참고할 때는 다음과 같이 작성한다.

```
<html manifest="example.appcache">
```

브라우저는 example.appcache 파일에 담긴 내용을 통해 어느 애셋을 오프라인 캐시에 저장하고, 어느 애셋을 항상 네트워크를 통해 요청할지 알 수 있다. 예를 들어 오프라인 캐시에 저장할 파일을 지정할 때 example.appcache 파일 안에 다음과 같이 작성한다.

```
CACHE MANIFEST
index.html
styles.css
logo.jpg
scripts.js
```

이렇게 작성된 내용을 본 브라우저는 여기에 나온 index.html, styles.css, logo.jpg, scripts.js 파일들을 오프라인 상태에서도 사용자가 불러올 수 있게 설정한다. 물론 애플리케이션 캐시를 사용해 훨씬 복잡한 기능을 구현할 때 활용할 수도 있다. 애플리케이션 캐시와 더불어 로컬 스토리지 및 곧 추가될 서비스 워커Service Worker API(http://bkaprt.com/rrd/3-19/) 등과 같은 브라우저 기능을 활용하면 웹사이트에서 어떤 기능을 어떻게 오프라인에서 사용할지, 그중 어느 것(신용카드 결제 기능 같은)이 네트워크 연결이 필요한지 등을 지정할 수 있다.

오프라인 접근 기능은 사용자가 중요한 작업을 수행할 때 특히 유용하다. 따라서 이 기능은 가급적 최대한 활용하는 것이 좋다. 특히 이 기능을 지원하는 작업이 전혀 부담이 되지 않는 기본적인 형태의 웹사이트라면 더욱 고려해야 한다. 애플리케이션 캐시에 대한 자세한 내용은 HTML5 Rocks(http://bkaprt.com/rrd/3-20/) 사이트를 참고하기 바란다.

모든 것을 자동화한다

지금까지 소개한 기법을 직접 구현할 수도 있지만 나는 그렇게 추천하지는 않는다. 최근 이런 작업을 자동화하는 도구들이 크게 향상되었기 때문이다. 이런 도구를 활용하지 않는다면 좋은 것들을 그냥 놓쳐버리는 셈이다. 그중에서도 시간을 내어 익혀볼 만한 핵심 도구 몇 가지를 소개하면 다음과 같다.

코드키트

코드키트^{CodeKit}는 맥 데스크톱용 애플리케이션으로 이미지 최적화, 파일 연결 및 축약, Sass와 같은 전처리기 실행 등과 같이 웹사이트 제작 과정에서 흔히 실행하는 다양한 작업을 제공한다(그림 3.12).

그런트

명령행 도구를 사용하는 것에 거부감이 없다면 그런트^{Grunt}라는 도구도 추천한다. 자바스크립트 기반의 태스크 실행기로서, CSS 및 자바스크립트 연결과 축약, 파일 복사 및 수정, 심지어 아이콘 생성까지 빌드 프로세스 태스크로 원하는 작업을 얼마든지 지정할 수 있다(그림 3.13).

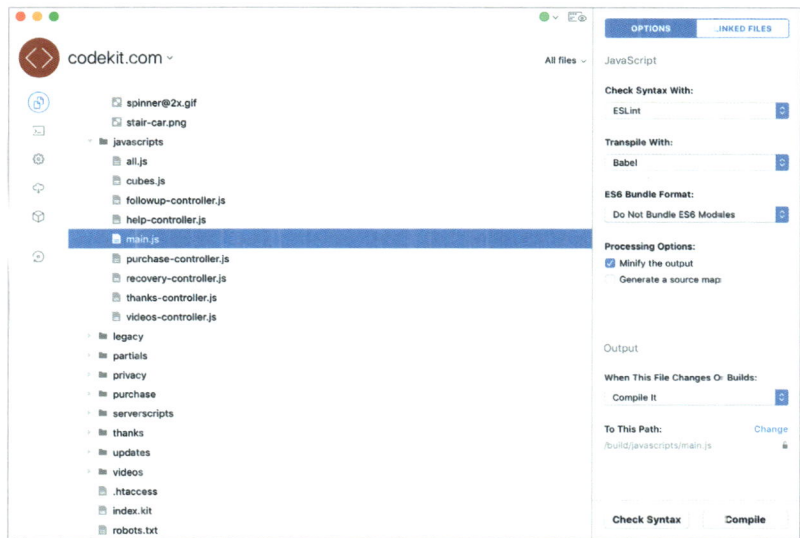

그림 3.12 여러 작업이 설정된 코드키트 화면(http://bkaprt.com/rrd/3-21/)

그림 3.13 그런트 웹사이트와 깃허브 페이지에서는 현재 공식적으로 지원하는 작업의 종류를 볼 수 있다(http://bkaprt.com/rrd/3-22/).

4 책임감 있게 전달하기

웹사이트를 구성하는 파일이 모두 준비되었다면 지금부터는 HTML, CSS, 이미지, 폰트, 자바스크립트와 같은 파일들을 책임감 있게 전달하는 방법에 대해 본격적으로 살펴보자.

HTML 전달하기

앞에서도 여러 번 이야기했지만 요즘 웹사이트의 평균 용량은 약 1.7메가바이트다. 그중에서 HTML이 차지하는 비중은 55킬로바이트[1] 정도로 상대적으로 크지 않지만, 단순히 크기만 보고 체감 로딩 시간과 실제 로딩 시간에 미치는 영향을 판단할 수는 없다. 다

---

1 과거 및 현재 수치는 http://bit.ly/2Q5DCqL 참고

른 클라이언트 측 기술과 마찬가지로 HTML 역시 각 문장마다 (이미지와 비디오처럼) 네트워크를 통해 요청해야 할 외부 애셋을 참조할 수 있는데, 이런 것들로 인해 실제 웹사이트 용량과 로딩 시간에 영향을 미치기 때문이다.

모바일 중심 콘텐츠

루크 로블르스키는 2009년 "모바일 우선주의"에서 화면 크기에 대한 제약 사항이 많은 디바이스에 맞게 디자인하려면 가장 핵심적인 데이터와 동작에 집중해야 한다고 지적했다(참고로 같은 제목의 책을 어 북 어파트에서 출간했다). "320×480 픽셀 화면에 부가적인 요소를 담을 만한 여유 공간은 없다. 반드시 우선순위에 따라 걸러내야 한다"(http://bkaprt.com/rrd/4-01/).

가장 바람직한 것은 사용자가 어떤 디바이스를 사용하는지에 상관없이 사용자가 꼭 필요로 하는 콘텐츠와 기능만 전달한다는 점이다. 하지만 현실적으로는 페이지나 화면의 제약 사항으로 인해 콘텐츠 중 일부가 희생될 수밖에 없다. 외부 기사에 대한 요약 정보나 소셜 미디어 링크, 댓글, 광고 등과 같이 페이지의 핵심 목적과 거리가 먼 내용은 걸러내야 한다. 이런 부가적인 콘텐츠는 페이지를 처음 전달할 때 필요하지 않다. 이 같은 내용을 먼저 전달하면 페이지를 실제로 사용할 수 있을 때까지 걸리는 시간이 길어지며, 네트워크 속도가 느린 환경에서는 이런 현상이 더욱 두드러지게 나타난다.

따라서 콘텐츠에서 빼놓을 수 없는 부분과 이런 핵심 내용을 모두 제공한 뒤 나중에 전달해도 되는 부분을 미리 분류해두는 것이 좋다. 이렇게 전달하는 기법을 '지연 로딩deferred/lazy loading'이라고 한다.

체감 성능 향상을 위해 콘텐츠 지연 로딩하기

이런 부가적인 콘텐츠의 일부를 웹사이트의 다른 영역을 통해 접근할 수 있다면 그 요소를 지연 로딩할 대상으로 삼으면 된다. 다시 말해서 한두 번 더 클릭해서 접근할 수만 있다면 핵심이 아닌 보너스 성격의 콘텐츠는 사용자 편의를 위해 다른 페이지에 두는 것도 좋다(단 마케팅 부서에서는 다르게 생각할 수도 있다).

가장 핵심적인 콘텐츠를 우선적으로 전달하도록 페이지를 구성하면 초기 페이지 로딩 속도를 훨씬 빠르게 할 수 있다. 그런 다음 부가적인 콘텐츠는 사용자에게 핵심 페이지를 전달한 뒤 자바스크립트를 통해 제공하면 된다.

조건부 로딩 구현하기

반응형 디자인과 관련해 HTML 지연 로딩 개념에 대해 가장 잘 설명한 글은 웹 표준 분야의 천재인 제레미 키스가 쓴 "반응형 디자인을 위한 조건부 로딩Conditional Loading for Responsive Designs"(http://bkaprt.com/rrd/4-02/)과 "깔끔한 조건부 로딩Clean Conditional Loading"(http://bkaprt.com/rrd/4-03/)을 꼽을 수 있다. 이 글에서는 브라우저의 뷰포트 크기를 기준으로 기존 페이지에 HTML의 일부분을 로딩하는 자바스크립트 패턴을 소개하고 있다.

키스가 이 글을 쓴 비슷한 시기에 내가 속한 팀에서도 '에이잭스-인클루드Ajax-Include'라는 접근 방식을 발표했다(http://bkaprt.com/rrd/4-04/). 에이잭스-인클루드 패턴은 조건에 맞는 환경에서 지연 로딩 방식으로 콘텐츠를 불러올 때 사용하는 것으로, 콘텐츠를 매끄럽게 제공할 수 있다. 예를 들어 사이트를 구성하는 각 섹션은 링크 형태로 제공했다가 페이지 로딩이 끝난 뒤에는 해당 섹션의 HTML 조각으로 링크를 대체할 수 있다.

그렇다면 **그림 4.1**에서 보는 바와 같이《보스턴 글로브》홈페이지의 피처 웰feature well에 이런 에이잭스-인클루드 패턴을 적용할 수 있다. 각 피처 웰마다 주요 섹션(스포츠, 메트로, 칼럼 등)에 대한 링크와 각 섹션 1면에 나오는 스토리나 이미지, 비디오와 같은 일부 정보만 보여주도록 구성한다. 이런 피처 웰을 구성하는 링크를 표현하는 마크업의 기본 구조는 다음과 같다.

```
<a href="/sports">Sports</a>
```

이렇게 작성한 피처 웰 링크 뒤에 콘텐츠를 동적으로 추가하고 싶다면 앞에 나온 마크업을 수정하는 스크립트를 에이잭스-인클루드 패턴에 따라 작성한다. 이 과정에서 HTML5 데이터 속성 중 한두 개를 사용해야 한다. 이런 속성은 HTML 요소에 데이터를 저장하도록 커스터마이즈하는 기능을 제공하기 위해 새로 추가된 것이다. 데이터 속성 자체는 아무 일도 하지 않지만 스크립트에서 설정 정보를 정의할 때 유용하게 사용할 수 있다(따라서 향후 유지 보수 작업도 간편해진다). 문법적인 측면에서 보면 데이터 속성은 이름이 data-로 시작해서 뒤에는 data-foo처럼 원하는 명칭을 붙일 수 있는 확장 가능형open-ended 속성이다.

내가 속한 팀에서는 콘텐츠를 HTML5 데이터 속성에서 가져와 내용을 추가하는 데 활용할 만한 속성(data-append, data-replace, data-after, data-before 등)을 탐색하는 스크립트를 에이잭스-인클루드 패턴으로 작성했다. 이 스크립트는 필요한 콘텐츠를 모두 가져온 이런 속성 이름을 보고 콘텐츠를 추가할 위치를 결정한다.

- data-append   참조하는 요소 뒤에 추가한다.
- data-replace   참조하는 요소를 대체한다.

그림 4.1 《보스턴 글로브》홈페이지의 섹션 웰

- `data-before` 및 `data-after` 참조하는 요소의 앞이나 뒤에 콘텐츠를 주입한다.

스포츠 링크에 `data-after` 커스텀 HTML5 속성 중 하나를 추가하면 해당 피처 웰의 콘텐츠를 담은 URL을 참조할 수 있으며, 앞서 작성한 자바스크립트어 해당 콘텐츠를 요청해서 페이지에 삽입하도록 지시할 수 있다.

4장 책임감 있게 전달하기 **147**

```
<a href="/sports" data-after="/sports/ »
  homepage-well/">Sports</a>
```

그런 다음 자바스크립트를 추가한다. 필라멘트 그룹에서 에이잭스-인클루드에 대해 쓴 글을 보면 이 자바스크립트의 소스 파일을 다운로드할 수 있는 깃허브 링크도 나와 있다(http://bit.ly/2m1Ekbo). 에이잭스-인클루드는 제이쿼리(또는 이와 비슷한 문법을 사용하는 프레임워크)를 기반으로 작성했기 때문에 이 스크립트를 사용하려면 에이잭스-인클루드와 제이쿼리 모두 참조해야 한다.

```
<!-- jQuery와 Ajax-Include에 대한 링크 -->
<script src="jquery.js"></script>
<script src="ajaxinclude.js"></script>
```

자바스크립트 파일에 대한 링크를 추가했다면 에이잭스-인클루드를 통해 요소를 원하는 방식으로 처리하는 자바스크립트 문장을 (제이쿼리 문법으로) 작성할 수 있다. 예를 들어 다음과 같이 제이쿼리로 작성하면 브라우저는 현재 페이지에서 data-after 속성을 가진 요소를 모두 찾아서 해당 요소에 ajaxInclude 플러그인을 호출한다.

```
$( "[data-after]" ).ajaxInclude();
```

나는 단 하나의 명령으로 웹사이트에서 사용하는 모든 에이잭스-인클루드 구문을 설정할 수 있도록 다른 셀렉터도 명령에 함께 추가하는 방법을 주로 사용한다.

```
$( "[data-after],[data-before],[data-replace], »
  [data-append]" ).ajaxInclude();
```

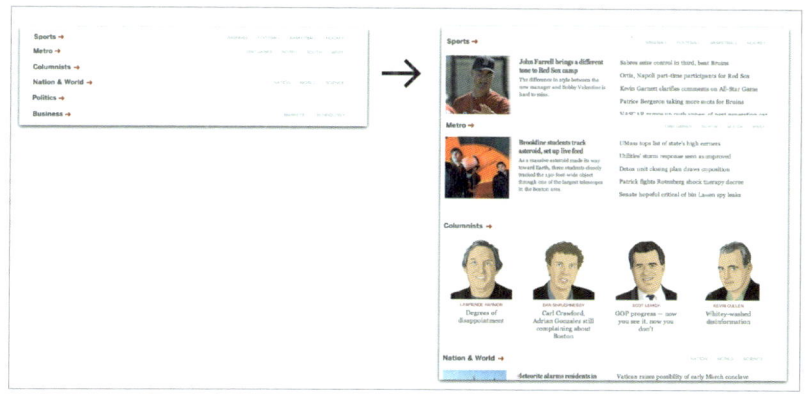

그림 4.2 콘텐츠의 초기 상타 화면과 에이잭스-인클루드를 적용한 뒤의 화면

앞에서 이야기한 섹션 웰에 이 명령을 적용하기 전과 후의 결고는 **그림 4.2**와 같다.

이 기법을 적용함으로써 얻을 수 있는 장점은 명확하다. HTTP 요청은 좀 늘어나지만 첫 페이지에 대한 렌더링이 끝나고 사용할 수 있는 상태가 된 뒤에 추가로 이루어진다. 따라서 사용자가 페이지를 조작하는 데는 크게 영향을 미치지 않는다. 이 패턴을 적용할 때 여러 가지 콘텐츠를 하나의 요청으로 묶어서 처리하도록 최적화할 수도 있다. 또는 API에서 지원한다면 콘텐츠를 구조적인 데이터로 가져오게 할 수도 있다. 무엇보다도 가장 유용한 부분은 다양한 조건에 따라 추가 콘텐츠 여부를 결정할 수 있다는 점이다. 사용자가 언제든지 클릭하기만 하면 되기 때문이다.

일부 중단점에 대해서만 로딩하기

에이잭스-인클루드의 용도를 다양한 디바이스에 서로 다른 콘텐츠를 제공하는 것에만 국한시킬 필요는 없다. 이 기법을 이용해 특정한 종류의 미디어 쿼리에 대해서만 콘텐츠를 가져오게 할 수도 있다. 다시 말해서 data-media 속성에 원하는 미디어 쿼리 값을 지정하면 해당 미디어 조건을 만족할 때만 콘텐츠를 가져온다(그 시점은 로딩할 때일 수도 있고, 로딩이 끝난 뒤일 수도 있다). 예를 들어 뷰포트가 35em보다 클 때만 적용되도록 에이잭스-인클루드를 작성할 수 있다. 이보다 작은 뷰포트에서는 스포츠 페이지에 대한 링크만으로 콘텐츠에 접근하게 할 수 있다.

```
<a href="/sports" data-after="/sports/homepage-well/" »
    data-media="(min-width: 35em)">Sports</a>
```

반응형 소스 순서

복잡한 반응형 사이트를 제작할 때 HTML과 관련해 종종 발생하는 또 다른 문제로 HTML 파일에 배치된 요소의 순서, 일명 소스 순서 source order 로 인해 특정한 레이아웃을 제공하기 힘들어질 때가 있다. float나 clear 같은 전통적인 도구로 CSS 레이아웃을 구성하면 HTML 소스 순서에 의해 제한될 수밖에 없다. 최근에는 CSS 플렉스박스 Flexbox와 같은 기능이 추가되어 제어 기능이 향상되었지만, 이런 기능은 최신 브라우저에서만 적용 가능하기 때문에 별도의 대안을 마련하는 것이 좋다. 가장 바람직한 방법은 다양한 디바이스에 마크업을 다르게 제공하기 위해서 디바이스 감지 기능을 사용하거나, 콘텐츠를 표시 및 숨기도록 페이지의 각 부분마다 마크업을 반복해서 작성하는 일이 없도록 만드는 것이다.

레이아웃에 제약이 발생할 때는 어펜드어라운드로

필요한 마크업은 있지만 원하는 레이아웃을 표시하기에 적합하지 않은 지점에 있다면 자바스크립트를 통해 HTML상의 위치를 변경할 수 있다. 이를 위한 한 가지 방법으로 어펜드어라운드^{Append Around}(http://bkaprt.com/rrd/4-06/)라는 기법이 있다. 나는 《보스턴 글로브》 웹사이트를 제작할 때 이 기법을 적용했다. 예를 들어 **그림 4.3**은 각각의 중단점마다 레이아웃에서 다른 지점에 광고를 표시하기 위한 와이어프레임을 보여주고 있다.

소스 순서 제약 사항으로 인해 기존 CSS만으로는 두 지점에 콘텐츠를 표시하기 어려운 경우가 있다. 화면이 작을 때는 광고가 소스 순서상에서 높은 곳에 위치해야 사용자가 페이지를 아래로 스크롤하는 순간 볼 수 있게 된다. 반면 넓은 화면에서는 광고가 가장 오른쪽 열 중앙에 위치해야 하지만, 소스 순서상으로는 텍스트 블록보다 훨씬 뒤에 위치하고 텍스트 블록의 길이도 제각각인 경우가 많다.

어펜드어라운드 기법을 적용하면 어떤 중단점이 작동 중인지에 따라 DOM의 한 위치에서 다른 위치로 자동으로 광고를 옮길 수 있다. **그림 4.4**는 기본적인 콘텐츠에 이런 기법을 적용한 예를 보여주고 있다.

어펜드어라운드 기법의 HTML 작성 방법은 매우 간단하다. 움직이는 콘텐츠 덩어리가 문서상에서 어느 지점에 나타나는지에 상관없이 빈 컨테이너 요소를 만들고 여기에 `data-set` 속성값은 그 값이 콘텐츠가 속할 수 있는 부모 요소를 지정하고, 그 콘텐츠가 속할 부모 요소의 초깃값도 이와 동일한 속성값으로 지정하면 된다. 다음 코드를 보면 콘텐츠가 속할 수 있는 부모 요소들은 모두 `data-set="rover-parent"`라는 속성을 가지도록 작성했다.

```
<!-- 어펜드어라운드에 사용할 초기 컨테이너 -->
<div class="rover-parent-a" data-set="rover-parent">
    <p class="rover">Sample appendAround Content</p>
</div>
```

그림 4.3 어펜드어라운드 기법으로 광고의 DOM 위치를 변경한 예

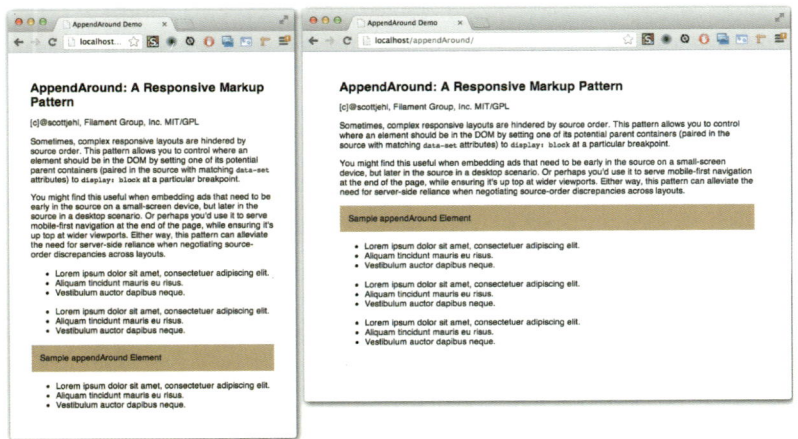

그림 4.4 어펜드어라운드 기법을 적용해 콘텐츠 블록이 다소 일정하지 않은 형태로 돌아다니게 만든 예
(http://bkaprt.com/rrd/4-07/)

```
<ul>
  <li>Lorem ipsum dolor sit amet.</li>
  <li>Vestibulum auctor dapibus neque.</li>
</ul>

<!-- 어펜드어라운드에서 사용할 컨테이너 후보 -->
<div class="rover-parent-b" data-set="rover-parent">
</div>
```

그런 다음 어펜드어라운드 기법을 구현할 자바스크립트를 추가하고, 현재 페이지에서 원하는 요소를 찾아서 appendAround() 메서드를 호출하면 된다.

```
<script src="jquery.js"></script>
<script src="appendAround.js"></script>
<script>
  /* 어펜드어라운드 호출 */
  $( ".rover" ).appendAround();
</script>
```

핵심적인 작업은 여기서 이루어진다. CSS에 주어진 중단점에서 컨테이너 후보 중 화면에 표시할 컨테이너 하나를 지정하고, 그 요소에 .rover 요소만 추가하면 된다. 페이지를 로딩할 때 그리고 뷰포트 크기를 변경할 때마다 스크립트는 어펜드어라운드 요소가 숨겨져 있는지 확인한다. 만약 그렇다면 화면에 표시할 부모를 찾아서 요소를 그곳에 추가한다. CSS 코드는 다음과 같다.

```
.rover-parent-a {
  display: block;
}
.rover-parent-b {
  display: none;
```

```
    }
    @media ( min-width: 30em ){
      .rover-parent-a { display: none; }
      .rover-parent-b { display: block; }
    }
```

다 끝났다. 이 기법을 이용하면 CSS만으로 DOM에 있는 콘텐츠 블록의 위치를 지정할 수 있다. 한 가지 주의할 점은 양이 많고 중요한 내용을 담고 있는 콘텐츠는 어펜드어라운드 기법을 적용하지 않는 것이 좋다. 그 이유는 (최소화해야 할) 새로 추가한 요소 주변으로 레이아웃이 변경되는(리플로reflow되는) 경우가 종종 있기 때문이다. 이런 현상을 피하기 위해 다른 방법을 적용하기 전에 최대한 CSS만으로 해결하는 것이 좋다. 물론 정 안 되면 다른 우회 기법을 적용한다.

지금까지 HTML 전달 과정의 효율을 높이기 위한 방법에 대해 살펴보았다. 이제 HTML에서 참조하는 애셋에 대해 이야기해보자. 먼저 CSS부터 살펴보자.

CSS 전달하기

페이지를 렌더링하는 데 걸리는 시간은 여러 가지 프런트엔드 애셋의 영향을 많이 받는데, 그중에서도 특히 CSS 요청에 가장 크게 영향을 받는다(http://bkaprt.com/rrd/4-08/). 여기에 화면 크기가 커지고, 다루어야 할 사항이 늘어남에 따라 CSS 양은 지속적으로 증가한다.

CSS는 특정한 스타일(미디어 쿼리, 조건부 클래스, @supports 규칙)의 적용 가능 여부를 확인하기 위한 여러 가지 방법을 제공하지만, 전달되는 과정을 확인하는 메커니즘은 부족하다. 어쨌거나 CSS로 인해 발생하는 오버헤드를 최대한 줄여서 체감 성능을 향상시키는 방식으로 CSS를 전달해야 한다.

모든 것은 head에 있다

3장에서 설명한 것과 같이 초기 페이지 레이아웃에 필요한 스타일은 모두 페이지의 head에서 참조해야 한다. 그렇지 않으면 페이지를 로드하는 동안 FOUC가 발생할 수 있다. head에서 외부 스타일을 참조할 때 흔히 사용하는 방식이 몇 가지 있다.

방법 A : 거대한 스타일시트 하나에 인라인 미디어 쿼리 담기

반응형 CSS를 전달하는 데 가장 흔히 사용하는 방법은 모든 CSS를 하나의 파일로 합친 뒤 다양한 조건에서 적용되는 미디어 쿼리를 통해 스타일을 검사하는 것이다. 이때 마크업은 다음과 같은 형태로 구성한다.

```html
<head>
  ...
<link href="all.css" rel="stylesheet">
  ...
</head>
```

이 스타일시트에 담긴 CSS는 다음과 같다.

```css
/* 먼저 모든 문맥에 공통으로 적용할 스타일을 지정한다. */
body {
  background: #eee;
  font-family: sans-serif;
}
```

```
/* 그런 다음 특정 미디어에만 적용할 스타일을 지정한다. */
@media (min-width: 35em){
    뷰포트 폭이 35em(~560px)보다 큰 뷰포트에 적용할 스타일
}
@media (min-width: 55em){
    뷰포트 폭이 55em(~880px)보다 큰 뷰포트에 적용할 스타일
}
```

먼저 장점부터 살펴보면 모든 CSS를 하나의 파일로 합침으로써 HTTP를 가져오는 요청 하나에만 블로킹이 발생한다. 페이지 전달 속도를 높이기 위한 가장 좋은 방법 중 하나는 바로 이처럼 블로킹되는 요청의 개수를 줄여서 오류가 발생할 가능성을 최소화하는 것이다. 또한 적용 가능한 모든 스타일을 사용할 수 있는 상태로 준비할 수 있기 때문에 화면 방향을 바꾸거나 브라우저 크기를 조정할 때와 같이 특정한 조건을 만족하게 되는 즉시 스타일을 적용할 수 있다.

이 방법의 단점은 사용자 브라우저나 디바이스에서 사용하지 않을 스타일까지 가져오게 함으로써 페이지 로딩 시간과 데이터 사용량이 필요 이상으로 소모된다는 점이다. 이 방법으로 인해 발생하는 오버헤드가 다른 대안을 모색해야 할지의 여부는 전반적인 용량과 체감 성능에 미치는 영향에 따라 결정된다.

여러 가지 사항 중 CSS에서 중복된 부분이 많다면 지집으로 압축해서 크기를 대폭 줄일 수 있다. 이는 사용하지 않을 스타일로 인해 발생하는 오버헤드를 줄이는 데 도움이 된다.

방법 B : 미디어 관련 파일을 별도로 분리하기
반응형 CSS 로딩을 위한 두 번째 방법은 특정 미디어의 스타일을 별도 파일로 분리해서 각각을 따로 요청하는 것이다. 분리한 스타일시트를 적용할 조건을 지정하기 위해 미디어 쿼리 값을 가진

`link` 요소에 `media` 속성을 추가한다. 이렇게 추가한 `media` 속성은 CSS에서 미디어 쿼리를 인라인 방식으로 작성한 것처럼 작동하기 때문에 CSS 파일 내의 인라인 미디어 쿼리를 삭제하더라도 원하는 스타일이 그대로 적용된다.

```
<head>
  ...
<link href="shared.css" rel="stylesheet">
<link href="medium.css" media="(min-width: 35em)" »
   rel="stylesheet">
<link href="large.css" media="(min-width: 55em)" »
   rel="stylesheet">
</head>
```

이 방식의 장점과 단점은 브라우저의 종류마다 다르다. 먼저 단점부터 살펴보자. 브라우저가 미디어 조건에 맞지 않는 미디어 쿼리를 대상으로 하는 스타일시트를 무시할 것 같지만 실제로는 그렇지 않다. 요즘 흔히 사용하는 브라우저들은 미디어 속성이 일치하는지의 여부에 관계없이 HTML 문서에서 참조하는 모든 스타일시트를 무조건 요청한다(http://bkaprt.com/rrd/4-09/).

따라서 이 방식으로 전송량을 줄여보겠다는 생각은 버렸다. 여기에 또 다른 문제가 있다. 이전에 로드했던 것과 동일한 스타일들을 로드하기 위해 블로킹이 발생하는 HTTP 요청을 두 개나 추가한 것이다. 이런 상황에서 분리한 파일마다 별도로 압축해서 전송해야 하기 때문에 결과적으로 CSS의 전체 크기는 더 커질 수 있다.

물론 장점도 있다. (맥 및 iOS용) 사파리, 오페라, 크롬과 같은 최신 브라우저는 `link` 요소의 `media` 속성에 지정된 조건이 현재 브라우징 환경에 적용 가능한지의 여부를 확인한다. 그리고 여기서 알아낸 정보를 이용해 스타일시트 요청에 대한 우선순위를 높일지 아니면 낮출지를 결정한다. 우선순위가 낮게 설정되면 요청으로 인해 페이지 렌더링이 블록되지 않는다. 다시 말해서 모든 스타일시트에 요청을 보내더라도 현재 로딩되어 당장 적용할 수 있는 스타일시트에 대해서만 페이지 렌더링을 시작한다. 다른 스타일시트는 도착하는 대로 처리한다. **그림 4.5**와 **그림 4.6**은 현재 페이지에 적용할 수 없는 CSS 미디어를 로딩하기 위한 기존 방법과 최신 기법을 보여주고 있다.

이런 최신 브라우저 동작이 활용할 만한 가치가 있는지를 결정하는 몇 가지 요인이 있다. 작성한 CSS의 많은 부분이 여러 곳에서 공통적으로 사용되지 않고, 특수한 환경이나 중단점을 위한 것이라면 일부 브라우저에서 실행할 때 모든 파일을 하나의 스타일시트에 담을 때보다 로딩 속도를 높일 수 있다. 하지만 인기 있는 많은 브라우저가 여전히 현재 페이지에 적용할 수 없는 스타일시트에 대한 요청을 낮은 우선순위로 처리하는 기능을 제공하지 않기 때문에 그냥 방법 A를 사용하는 것이 나을 수도 있다. 이런 기능 지원 여부를 확인할 수 있는 유일한 방법은 직접 브라우저에서 실행하고 결과를 비교하는 수밖에 없다.

방법 C : 모두 인라인 방식으로 작성

세 번째 방법은 CSS를 HTML 문서에 인라인 방식으로 직접 작성하는 것이다.

```
<head>
  ...
  <style>
    /* 먼저 모든 문맥에 공통으로 적용할 스타일부터 작성한다. */
    body {
      background: #eee;
      font-family: sans-serif;
```

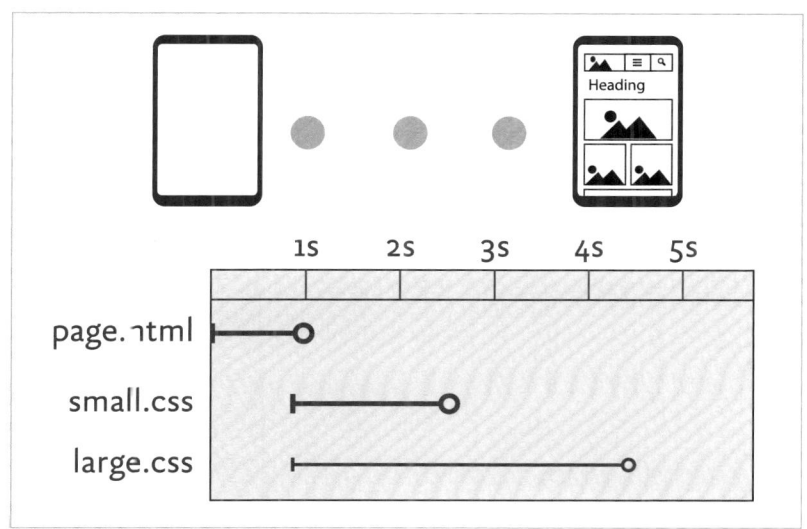

그림 4.5 적용할 수 없는 CSS를 낮은 우선순위로 처리하지 않는 브라우저의 요청 과정

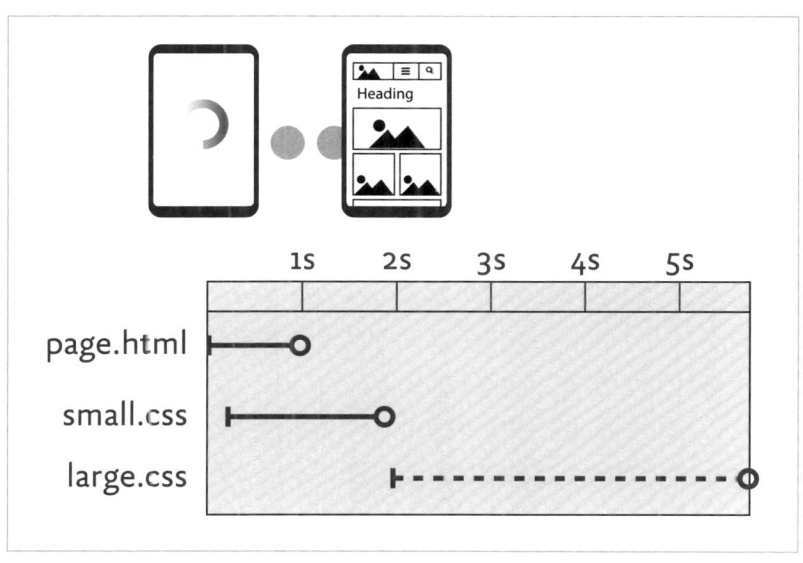

그림 4.6 적용할 수 없는 CSS를 낮은 우선순위로 처리하는 브라우저의 요청 과정

4장 책임감 있게 전달하기 **159**

```
        }
        /* 그런 다음 특정 미디어에만 적용할 스타일을 작성한다. */
        ...
    </style>
</head>
```

이 방법의 장점과 단점은 명확하다. 방법 A처럼 모든 CSS를 하나의 파일로 합침으로써 전송할 내용을 더 많이 압축할 수 있다. 또한 방법 C를 적용하면 CSS마다 HTTP 요청을 별도로 하지 않고 모두 한꺼번에 로딩할 수 있기 때문에 처음 사이트를 방문할 때의 로딩 속도가 빨라진다. 단점은 HTML 내에서 지정한 스타일을 별도로 캐시에 저장하지 않기 때문에 나중에 같은 페이지를 다시 방문해 로드할 때 이전에 사용했던 스타일시트를 다시 로드해야 한다.

이 방식은 한 페이지짜리 웹사이트를 만들 때, (그럴 가능성은 별로 없지만) 페이지마다 CSS가 다를 때, 사이트에서 사용하는 전체 CSS가 그리 많지 않은(예를 들어 8킬로바이트 이하인) 경우에 추천할 만하다.

어느 방식이 가장 좋을까?

어려운 질문이다. 여러 브라우저와 디바이스에서 CSS의 상당 부분을 공유하는 반응형 사이트의 경우 방법 A를 적용하는 것이 CSS를 가장 책임감 있는 방식으로 전달할 수 있다. 하지만 향후 지원할 디바이스 종류가 늘어나고 브라우저도 지속적으로 향상됨에 따라 CSS를 추가하다 보면 방법 B가 더 나을 수도 있다. 아쉽게도 A와 B 모두 외부 요청을 블로킹해야 한다. 반면 방법 C는 캐시 활용도가 낮다는 점만 제외하면 블로킹 문제는 전혀 발생하지 않는다.

결론적으로 '더 좋은 방법은 얼마든지 찾을 수 있다.' 어쩌면 B와 C를 혼합한 하이브리드 방식이 최선일 수도 있다.

하이브리드 방식의 등장

체감 성능 향상과 관련해 많은 호응을 얻고 있는 기법으로, 서버와 주고받는 최초의 네트워크 왕복 과정에서 14킬로바이트 정도의 데이터만 서버와 브라우저가 주고받도록 최적화하는 것이 있다. 스크롤 없이 표시되는 첫 페이지 상단 above-the-fold 을 렌더링하는 데 필요한 HTML, CSS, 자바스크립트를 모두 최초의 라운드 트립 과정에 넣을 수 있다면, 우리가 이상적으로 생각하는 1초라는 체감 페이지 로딩 시간을 실현할 수 있다. 이를 실현하기 위해 구글 페이지스피드 인사이트 도구(http://bkaprt.com/rrd/4-10/)에서는 초기 뷰를 렌더링하는 데 꼭 필요한 CSS만 HTML에 작성하고, 나머지는 논블로킹 방식으로 로드하도록 권장하고 있다. 물론 사이트에서 가장 중요한 부분은 화면마다 달라지며, CSS에서 어느 부분이 중요하고, 어느 부분이 덜 중요한지를 판단하기란 쉽지 않다. 한 가지 방법은 스타일시트를 페이지 상단부터 하단, 외부까지 순서대로 정리하는 것이다. 페이지 상단 부분의 레이아웃은 대부분 HTML 안에 작성하고, 그 이외의 논블로킹 방식으로 외부에 요청할 부분은 적절히 결정한다.

예를 들어 모든 중단점의 페이지 상단 부분이 마스트헤드, 네비게이션, 주요 콘텐츠로 구성되고, 나머지 컴포넌트는 보조 콘텐츠나 아래에 있는 푸터로 구성된 경우를 생각해보자. 이럴 때는 다음과 같이 CSS를 페이지의 head 안에 작성한다.

```
<head>
  ...
  <style>
    /* 이 템플릿에서 핵심적인 CSS 스타일을 여기에 작성한다. */
  </style>
  ...
</head>
```

이렇게 작성하면 페이지의 head에 있는 CSS에 대한 요청은 블로킹되지 않으며, 페이지 상단의 많은 부분을 14킬로바이트의 최초 라운드 트립 데이터에 넣을 수 있다.

단 이런 방식으로 CSS 파일을 수동으로 처리하는 것은 쉽지 않기 때문에 전문 도구의 활용을 권장한다. 폴 킨란Paul Kinlan 은 "핵심적인 페이지 상단 CSS 골라내기Detecting Critical Above-the-fold CSS"라는 글에서 모든 페이지에서 핵심적인 스타일을 추출하는 북마크릿bookmarklet을 소개하고 있다(http://bkaprt.com/rrd/4-11/). 핵심 원리는 간단하다. 핵심적인 CSS란 CSS 규칙 중에서도 페이지 상단 부분을 렌더링하는 데 필요한 CSS 규칙을 말한다. 나는 반응형 웹사이트를 제작할 때 뷰포트 크기가 1200×900 픽셀 정도로 다소 클 때는 이런 북마크릿을 실행해 반응형 레이아웃의 많은 중단점을 렌더링하는 데 필요한 스타일을 골라낸다.

북마크릿만으로도 효과적이지만 코드베이스가 방대할 경우에는 자동화가 필요하다. 이를 위해 나는 동료 제프 렘벡Jeff Lembeck과 Grunt-CriticalCSS(http://bkaprt.com/rrd/4-12/)라는 도구를 개발했다. 이 도구는 모든 템플릿에서 핵심적인 CSS를 자동으로 추출해 인라인 방식으로 추가할 파일에 사용한다. Grunt-CriticalCSS가 제대로 설정되었다면 CSS 파일을 변경할 때마다 백그라운드에서 조용히 실행되어 핵심적인 CSS 파일의 상태를 항상 최신으로 유지한다.

어떤 도구를 사용하든지 핵심 CSS를 생성했다면 페이지의 head 요소에 직접 추가한다. 사이트 전체에 필요한 CSS는 논블로킹 방식으로 최대한 빨리 로딩해야 한다.

이렇게 하려면 loadCSS라는 자바스크립트 함수(http://bkaprt.com/rrd/4-13/)를 호출하면 된다. 이 함수는 CSS 파일을 비동기식으로 불러오기 때문에 페이지 렌더링이 블로킹되지 않는다. 요청이

블로킹되는 것을 방지하려면 head에 인라인 방식으로 추가할 만큼 loadCSS를 충분히 작게 유지해야 한다. 또한 loadCSS를 담은 스크립트는 style 요소 뒤에 배치하는 것이 좋다. 그래야 자바스크립트가 인라인 CSS 뒤에 사이트 전체의 CSS를 삽입해 잠재적인 충돌을 방지할 수 있기 때문이다. 지금까지 설명한 방식을 코드로 표현하면 다음과 같다.

```
<style>
  /* 이 템플릿에서 핵심적인 CSS 스타일을 여기에 작성한다. */
</style>
<script>
  // 먼저 인라인으로 추가할 loadCSS 함수를 작성한다.
  function loadCSS( href ){ ... }
  // 그런 다음 로드할 스타일시트에 대한 참조를 전달한다.
  loadCSS( "full.css" );
</script>
```

제대로 처리하도록 다음과 같이 마지막 스타일 요소에 사이트 전체의 CSS에 대한 링크를 추가한다. 이렇게 하면 자바스크립트에서 처리할 수 없더라도 이 CSS에 대한 요청을 보낼 수 있다. 예를 들면 다음과 같다.

```
<noscript><link href="full.css" rel="stylesheet">
</noscript>
```

지금까지 설명한 방식은 다소 복잡하기는 하지만 크게 보면 CSS를 로딩하는 과정을 최적화하는 데 나름 합리적인 방식이다. 이 장의 마지막에서 페이지의 전반적인 성능을 향상시키기 위해 다른 기법과 결합하는 방법에 대해 설명할 때 이 기법을 다시 살펴보도록 하겠다.

어떤 방식으로 CSS를 전달하는지에 관계없이 CSS를 최대한 간결하게 작성하고, 가능하면 우선순위에 따라 순차적으로(캐스케이드cascade 방식으로) 처리해 반복되는 부분을 최소화하는 것이 중요하다. 각 파일에 들어갈 CSS를 최소화하고(Grunt-CSS와 같은 도구를 사용해 공백과 주석을 제거), 외부 CSS 파일은 지집으로 압축할 수 있는 상태로 전달하도록 최선을 다해야 한다.

이미지 전달하기

파일 크기에서 가장 머리 아프게 만드는 요소는 이미지다. 1.7메가바이트라는 평균 웹사이트 용량에서 이미지가 61퍼센트를 차지한다. 디바이스와 화면 해상도의 크기가 다양해질수록 이런 문제는 더욱 심각해진다.

다행히 거의 모든 브라우저는 이미지 요청을 CSS나 자바스크립트와 달리 비동기적으로 처리하거나, 페이지 렌더링을 블로킹하지 않는 방식으로 처리하도록 기본적으로 설정되어 있다. 하지만 이미지 요청을 처리하느라 페이지 렌더링이 멈추지는 않지만 성능에 영향을 미친다는 점은 변함이 없다. 이런 문제 중 상당수는 순전히 이미지 크기 때문에 발생한다. 이로 인해 로딩 시간이 길어지고 아무리 용량이 넉넉한 요금제를 사용해도 데이터를 빠르게 소비한다.

이미지를 책임감 있는 반응형 방식으로 불러오는 방법에 대해 살펴보기 전에 먼저 백그라운드(배경) 이미지와 포그라운드foreground(전경) 이미지의 차이부터 짚고 넘어가자.

백그라운드 이미지

이미지를 CSS에서 백그라운드에 지정해도 HTTP 요청이 발생한다. 예를 들어 다음과 같이 CSS 규칙을 지정하면 브라우저는 foo.jpg라는 이미지를 요청한 뒤 foo 클래스로 지정된 모든 요소의 백그라운드로 렌더링한다.

```
.foo {
  background: url(foo.jpg);
}
```

작동 과정은 단순하다. 여기에 미디어 조건에 따라 백그라운드 이미지를 다르게 지정하면 조금 복잡해진다. CSS 섹션에 나온 grim 옵션을 보면 CSS와 미디어 쿼리를 통해 백그라운드 이미지를 책임감 있게 로드하는 과정이 생각보다 굉장히 간단하다는 사실에 놀랄 것이다. 팀 캐들렉이 연구한 바에 따르면 현재 사용 중인 많은 브라우저는 대부분 동일한 요소에 두 개의 background-image 규칙이 적용되어 표시될 때 마지막으로 참조한 이미지를 가져온다고 한다(http://bkaprt.com/rrd/4-14/). 이는 미디어 쿼리에서도 마찬가지다.

다음 예를 보면 뷰포트 크기가 30em보다 넓으면 foo-large.jpg 이미지를 요청해서 렌더링하고, 그보다 작을 때는 foo.jpg를 가져오게 지정했다.

```
.foo {
  background: url(foo.jpg);
}

@media (min-width: 30em){
  .foo {
    background: url(foo-large.jpg);
  }
}
```

HD 화면의 백그라운드 이미지 업그레이드하기

이 방법은 미디어 쿼리가 지원하는 모든 조건에서 사용할 수 있다. 즉 이 방법을 적용하면 HD 화면의 이미지를 쉽게 업그레이드할 수 있다. min-resolution 미디어 쿼리는 디바이스를 특정한 dpi 이상의 화면에 맞출 때 사용한다(-webkit-min-device-pixel-ratio와 같은 벤더별 폴백도 이런 기능을 지원한다). 나는 예에서 144dpi에 맞추도록 지정했는데, 이는 표준 해상도인 72dpi의 두 배이며, HD 화면의 기준점으로 삼기에 좋기 때문이다(현재는 144dpi보다 훨씬 높은 것들이 많다).

```
.foo {
  background: url(foo.jpg);
}

@media (min-resolution: 144dpi){
  .foo {
    background: url(foo-large.jpg);
    background-size: 50px 50px;
  }
}
```

여기서는 큰 이미지에 대해 background-size를 지정했는데, 이렇게 하면 원래 크기와 다르게 렌더링된다. 따라서 큰 이미지도 표준 해상도 이미지와 동일한 물리적 공간을 차지하면서 더 많은 픽셀이 압축되어 표현되기 때문에 화면이 더욱 화려하게 나타난다. 이미지 크기를 두 배로 키워서 제공하는 것은 충분히 가볍고 책임감 있는 방식이며 타협이 필요 없다(예를 들면 제한된 색상과 명암비로 예술적으로 표현하는 경우가 해당된다). 따라서 모든 디바이스에 background-size 이미지 크기를 키워서 보내는 것도 좋은 방법이다.

인라인 데이터 URI

또 다른 옵션으로 데이터 URI가 있다. 이 데이터 URI는 해당 파일에 대한 외부 참조를 넣을 자리에 이미지 (또는 임의의 파일) 데이터를 문자열로 표현해 직접 집어넣어 이 애셋에 대한 요청을 서버로 보내지 않게 할 수 있다. 예를 들어 화살표 이미지를 데이터 URI로 인코딩한 값을 넣으려면 다음과 같이 지정한다.

```
data:image/png;base64,iVBORw0KGgoAAAANSUhEUgAAAAoAAAAPCA
YAAADd/14OAAAABHNCSVQICAgIfAhkiAAAAAlwSFlzAAALEwAACxMBAJ
qcGAAAAUFJREFLKJGV0C9MAnEUB/Dve3eMIptszuL43XE/1GgjOCduZp
3RrDSjVYPFzWRejtnMMKPB2ZwUk8WheIdAcWM08QbvZzhRQAi+9rbP3p
+vlclk4tOJRHEmmWy22u0AE4pNGJ4TaLNrzI1W6fxkyHwrIiGDbJApaO
We5pCzRyEBgFZq3QYlMM8CgDFy3SPaDoKgPQQBwHVdx+rJFZiXAAAiTe
bsjWqjWgEA7kPf34N4Z2oFglJ0FC+SLWVPqfWhiYN3a8c5Aujgd63ZGw
ehlErGiFv93gBNHkXenDcfA+77vQAPVq+bHYLacdbIljKIF75VMdH5WK
3U642f/LRK5wVyxoAdRYTj6pt/GA2NnG8lHtCjP0oFQktsnafa6+Xg9
tIp9wLMHYAQIy8M7D1Uqvd/YmC2BRE5BMwj0KUHYf+VV8xa3TEn/anuA
AAAABJRU5ErkJggg==
```

좀 이상하게 보이지만 전혀 문제가 없다. 애초에 사람이 읽기 위한 용도가 아니기 때문이다. 여기서 한 가지 재미있는 부분은 이런 값을 웹 브라우저의 주소창에 입력하면 **그림 4.7**과 같은 결과를 볼 수 있다는 것이다.

이렇게 데이터 URI를 표현할 때 사용하는 문법은 보기보다 간단하다. 항상 data:으로 시작해 URL 자체에 파일 데이터가 담겨 있다는 사실을 브라우저에 알려준다. 그런 다음 표현할 파일 종류(예를 들어 image/png 파일에 base64 인코딩을 적용하는 이미지)에 대한 정보를 두세 개의 세미콜론으로 구분해 지정한 뒤 콤마를 적고 그 파일의 내용을 원시raw 데이터 형태로 적어주면 된다.

그림 4.7 여기에 나타난 화살표가 바로 데이터 URI로 만든 것이다.

```
data:[<MIME-type>][;charset=<encoding>][;base64],<data>
```

이 방법은 특히 외부 이미지 대신 코드베이스를 불러올 때 유용하다. 예를 들어 이런 데이터 URI를 CSS 백그라운드 이미지로 참조하려면 다음과 같이 작성한다(공간을 줄이기 위해 일부만 적었다).

```
.menu {
  background: url( "data:image/ »
    png;base64,iVBORw0KGgo..." );
}
```

물론 텍스트 파일의 원 소스를 데이터 URI로 표현할 수 있다. 예를 들어 SVG 파일은 다음과 같이 표현할 수 있다.

```
.header {
  background: url("data:image/svg+xml, »
    <svg viewBox='0 0 40 40' height='25' width='25' »
      xmlns='http://www.w3.org/2000/svg'> »
    <path fill='rgb(91, 183, 91)' d='M2.379,14.729L5 »
      .208,11.899L12.958,19.648L25.877,6.733L28.707, »
      9.561L12.958,25.308Z'/></svg>");
}
```

파일을 데이터 URI로 가져오는 방법은 다양하지만 나의 경험에 의하면 보스턴의 웹 컨설팅 회사인 부쿠[Boucoup]의 보애즈 센더[Boaz

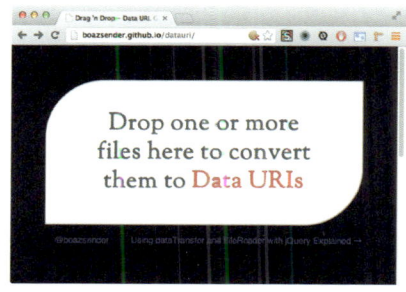

그림 4.8 보애즈 센더에서 개발한 드래그 앤드 드롭 방식의 데이터 URI 도구(http://bkaprt.com/rrd/4-15/)

Sender에서 만든 웹 기반의 드래그 앤드 드롭 도구를 사용하는 것이 가장 간단했다(그림 4.8).

데이터 URI는 네트워크를 통해 애셋을 요청할 필요가 없기 때문에 다른 참조 애셋에 비해 성능을 크게 향상시킬 수 있다. 하지만 파일 데이터를 코드 안에 넣기 때문에 필요할 때만 다운로드받을 수 있게 만들 수는 없다(예를 들어 특정 미디어 쿼리에 대해서만 외부 백그라운드 이미지를 가져오게 할 때). 또한 데이터 URI를 남용하면 일부 모바일 디바이스에서 문제가 발생하기도 한다(http://bkaprt.com/rrd/4-16/). 따라서 데이터 URI는 모든 디바이스와 중단점에 공통적으로 적용되는 애셋에서만 사용하는 것이 좋다.

마지막으로 한 가지 더 이야기하면 데이터 URI는 백그라운드 이미지뿐만 아니라 포그라운드 이미지를 표현할 때도 사용할 수 있다.

책임감 있는 반응형 포그라운드 이미지

포그라운드 이미지란 콘텐츠의 일부로 표현하기 위해 HTML에서 참조하는 모든 이미지를 가리킨다. 이런 이미지는 웹 페이지에서 상당한 역할을 담당한다. 뉴스 기사에서 인용하는 사진처럼 단순히 시각적인 장식에 사용하는 아이콘이나 백그라운드 타일과는 구분된다.

반응형 디자인 원칙에서 살펴본 것처럼 다음과 같이 CSS 규칙을 지정하면 이미지 자체 크기를 확대하지 않고도 레이아웃에 있는 모든 img 요소가 컨테이너의 폭을 100퍼센트 차지하도록 표현할 수 있다.

    img { max-width: 100%; }

웹 제작자는 이미지를 원래 크기보다 확대하면 보기에 좋지 않기 때문에 주로 최대 크기로 표현된 이미지를 넣어서 뷰포트가 그보다 작을 때는 브라우저가 알아서 조절하도록 설정한다. 아쉽게도 이렇게 이미지를 제공하는 것은 그다지 책임감 있는 방식이 아니다. 이는 디바이스에서 표현할 수 있는 것보다 훨씬 많은 데이터를 로드해야 하는 경우가 발생한다.

다양한 종류의 디바이스에서 포그라운드 이미지를 책임감 있게 제공하는 문제는 대체로 디바이스에 맞게 이미지 크기를 다양한 버전으로 제공하는 기능이 HTML에 없기 때문에 발생한다(최근에는 좀 개선되고 있기는 하다. 뒤에 설명하는 picture 요소와 srcset 속성 참고). 다행히 이런 작업을 잘 처리하는 도구를 활용하면 된다.

압축 이미지

크기를 조절할 수 있는 이미지 하나만을 사용할 때는 단 조브시스_{Daan Jobsis}가 고안한 기발한 기법을 사용할 수 있다. 나는 이것을 '압축 이미지_{compressive image}'라고 부른다(http://bit.ly/2kE8IZ3)(그림 4.9). 이 기법에서 JPEG 이미지를 품질이 훨씬 떨어져 보이는 두 배의 크기로 저장한 다음 좀더 깔끔하게 표현하도록 이미지를 축소하는 작업은 브라우저에게 맡긴다. 놀랍게도 이렇게 하면 파일 크기를 절반으로 줄이면서 HD 화면의 선명도를 향상시킬 수 있다. 이것은

그림 4.9 압축 이미지 기법으로 제작한 이미지(왼쪽)를 브라우저에 불러올 때 적절히 크기를 조절한 결과

직접 해봐야 믿을 수 있으므로 앞의 링크를 확인해보기 바란다.

  압축 이미지 기법에도 단점이 있다. 큰 이미지를 축소하는 데는 상당한 처리 능력과 메모리가 필요하다. 따라서 웹 페이지에서 이 기법을 너무 많이 사용하면 확장성에 문제가 발생할 수도 있다. 또한 더 높은 화면 해상도에 맞추기 위해 이미지 파일 크기가 늘어나 저해상도 화면에서는 필요 없는 데이터까지 받아와야 하는 단점이 발생할 수도 있다. 압축 이미지 기법은 단순한 경우에 가장 적합하다. 그럼 이보다 좀더 완벽한 반응형 이미지 기법에는 어떤 것들이 있는지 알아보자.

HTML을 위한 반응형 이미지

2012년 매트 마키스가 이끄는 W3C 반응형 이미지 커뮤니티 그룹 Responsive Images Community Group : RICG에서 이상적인 반응형 이미지 기법에 대한 활용 사례use case를 정의하고, 브라우저에서 이런 이미지를 구현하는 HTML 기능 권고안을 만들었다(**그림 4.10**).

그림 4.10   W3C 반응형 이미지 커뮤니티 그룹 웹사이트(http://bkaprt.com/rrd/4-18/)

이때 picture 요소와 그 요소의 속성인 srcset, sizes, media, type 등을 제안했는데, 다행히 정식 W3C 표준으로 채택되어 이 책을 집필할 때 최신 브라우저에서 이 기능을 지원하고 있었다. 이런 기능이 새로 추가됨으로써 큰 혜택을 누릴 수 있게 되었다. 지금부터 이런 기능을 사용하는 방법에 대해 살펴보기로 하자.

picture 요소

표준 규격에 따르면 "picture 요소는 한 개 이상의 CSS 미디어 쿼리에 의해 소스 콘텐츠가 결정되는 이미지 컨테이너"라고 한다 (http://bkaprt.com/rrd/4-19/). picture는 새로 추가된 HTML 요소로, 여기서 제공하는 속성을 통해 완전한 기능을 제공한다. picture 요소에서 미디어 쿼리를 활용함으로써 CSS 레이아웃에서 시각적인 중단점과 짝pair을 이루는 다양한 이미지 변화를 쉽게 제공할 수 있다. 이 기능은 포그라운드 이미지를 같은 레이아웃에 있는 다른 요소와의 조화를 해치지 않으면서 확대할 때 특히 유용하다.

picture 요소는 img 요소 뒤에 여러 개의 source 요소를 가질 수 있다. 이런 방식은 HTML의 video와 audio 요소에서 많이 볼 수 있던 것이다. 하나의 container 요소 안에 여러 개의 source 요소를 지정해 부모 요소에서 사용할 수 있는 소스들을 참조하기 위해 사용하던 문법이다. 그러나 picture에서는 source 요소가 형제 요소인 img를 통해 화면에 표시할 URL의 컨트롤러 역할을 한다. 예를 들어 몇 가지 소스 이미지 후보를 담은 picture 요소를 보면 다음과 같다.

```
<picture>
  <source media="(min-width: 45em)" srcset="large.jpg">
  <source media="(min-width: 18em)" srcset="med.jpg">
  <img srcset="small.jpg" alt="...">
</picture>
```

source 요소는 크기가 큰 것부터 작은 것 순으로 나열했다. 여기에 media 속성을 통해 이미지가 적용될 최대 뷰포트 크기를 지정했다. source 요소를 이런 식으로 파싱하는 것은 CSS에서 작은 화면용 미디어 쿼리를 먼저 쓰던 관례에 비추어볼 때 그리 직관적이지 않다. 하지만 HTML의 video와 audio 요소의 소스 선택 메커니즘과 일치하도록 설계한 것이다. 브라우저는 source 요소가 나타난 순서대로 순환하다가 조건과 일치하는 media 속성이 지정된 source를 발견하면 중지한 뒤 img 요소의 소스를 그 source의 srcset 속성에 지정된 URL로 설정한다. 조건에 맞는 source 요소를 찾지 못하면 img 요소의 srcset과 같은 자체 속성에 지정된 값으로 소스를 결정한다.

그런데 srcset이 뭐지?

srcset이 src와 거의 비슷해 보이는데 도대체 다른 점이 무엇인지 궁금할 것이다. 이름에서 알 수 있듯이 srcset은 이미지에 대한 URL 후보를 한 개 이상 나열한 것인데, 대단한 장점을 가지고 있다. 바로 브라우저가 관련 있다고 판단한 기준(뷰포트 크기, 화면 해상도, 네트워크 속도, 심지어 사용자 요금제에 현재 남아 있는 데이터 사용량 등)에 따라 가장 적합한 애셋을 결정할 수 있다. 다시 말해서 srcset으로 이미지 소스 후보를 지정하면 브라우저는 이를 일종의 제안 사항으로 간주한다. 이런 기능은 srcset만이 가진 고유한 기능으로 매우 유용하고 편리하다. 이는 이미지가 지원하는 다양한 뷰포트 크기와 화면 해상도를 고려할 때 미디어 쿼리와 같은 방식으로 일일이 표현하면 너무 장황해지기 때문이다.

srcset 속성은 picture 요소 안에 있는 source 요소에 지정할 수도 있고, img 요소에 직접 지정할 수도 있다. 심지어 picture 요소로 감싸지 않은 img 요소에도 지정할 수 있다. 이미지 소스를 레이아웃의 미디어 쿼리 중단점과 짝을 맞추지 않는 한 picture 요소는 전혀 필요하지 않을 것이다. srcset에 지정된 값은 콤마로 구분한다. 이때 나열하는 값은 이미지 크기 단위를 표현하는데, w와 h는 이미지 애셋을 픽셀 단위로 표현한다. 브라우저는 이 값을 참고해 현재 뷰포트 크기나 화면 해상도에 가장 적합한 이미지를 선택한다. 예를 들어 srcset 속성에 두 개의 이미지 소스 후보를 지정하려면 다음과 같이 작성한다.

```
<img srcset="imgs/small.png 400w, »
  imgs/medium.png 800w" alt="...">
```

이렇게 작성된 img는 (폭이 400px인) small.png와 (폭이 800px인) medium.png 두 개의 소스 URL이 지정되어 있다. 물론 앞에서

source와 img 요소를 담은 picture 요소를 처음 지정했을 때처럼 srcset 값으로 다른 부가 정보 없이 이미지 URL 하나만 지정하는 것도 얼마든지 가능하다. 하지만 picture 안에 담긴 source 요소에 적용할 소스 후보를 srcset에 여러 개 나열하면 큰 장점이 있다. 디자인 중단점과 잘 어울리는 이미지를 제공하는 동시에 디바이스 화면에 가장 적합한 해상도를 가진 이미지를 브라우저가 선택할 수 있다. HD 지원을 위한 일종의 시각 효과인 셈이다. 예를 들어 다음 코드에 나열된 소스 중 첫 번째 URL은 표준 해상도 화면에서 표시할 때 사용하고 (굵게 표시한) 두 번째 URL은 고해상도 화면이 적용되도록 표현할 수 있다.

```
<picture>
  <source media="(min-width: 45em)" srcset="large.jpg
    45em, large-2x.jpg 90em"> »
  <source media="(min-width: 18em)" srcset="med.jpg »
    18em, med-2x.jpg 36em"> »
  <img srcset='small.jpg 8em, small-2x.jpg 16em" »
    alt="...">
</picture>
```

이 시점에서 폴백 방법에 대해 설명할 필요가 있다. srcset은 아직 모든 브라우저에서 네이티브로 지원되지 않는다. 이런 브라우저에서 처리할 수 있는 한 가지 방법은 img의 alt에 지정된 텍스트를 대신 표시하는 것이다. 그런데 요즘 대부분의 브라우저는 이렇게 하면 이미지를 가져오지 않는다. 이보다 더 광범위한 방식으로 이미지를 지원하려면 자바스크립트를 통해 폴리필 기법으로 srcset 속성을 지정하거나, img에 기존 src 속성을 추가해야 한다. 이 방법은 다양한 브라우저에서 지원하고 작성하기도 쉽다. 하지만 src 속성을 추가하면 실제로 사용하지도 않을 이미지까지 가져와서 쓸데

없이 오버헤드만 증가시키는 단점이 있다. 현재로서는 폴리필 기법이 그나마 나은 대안이므로 이것에 대해 잠시 살펴보자.

sizes 속성 사용하기

이 예를 보고 '꽤 괜찮은 방법이기는 한데 더 고급 기능을 제공했으면 좋겠다'고 생각할지도 모른다. 다행히 브라우저에서 picture와 img 소스를 결정하는 과정을 보고하기 위해 sizes라는 새로운 속성이 추가되었다. 이 속성은 주어진 미디어 쿼리 중단점에서 레이아웃에 이미지를 렌더링할 크기를 제안할 수 있다. srcset과 마찬가지로 sizes 속성 역시 여러 값을 콤마로 구분해 지정한다. 이때 각각의 값은 미디어 쿼리에 대한 옵션과 해당 미디어 쿼리가 적용될 때 CSS에서 렌더링할 이미지의 폭을 지정한다. 앞에서 살펴본 img 예에 sizes 속성을 추가한 예는 다음과 같다.

```
<img
srcset="imgs/small.png 400w, imgs/medium.png 800w"
sizes="(max-width: 30em) 100%, 50%"
"alt="...">
```

이해하기 어려워도 걱정할 필요는 없다. 나도 sizes를 파악하는 데 시간이 좀 걸렸다. 쉽게 말하면 앞에 나온 예의 sizes는 다음과 같은 사항을 선언한다.

- **(max-width: 30em) 100%** 뷰포트 폭이 30em 이하라면 이미지 폭은 뷰포트 폭의 100%에 맞춘다.
- **50%** 뷰포트 폭이 30em보다 넓다면 이미지 폭은 뷰포트 폭의 50%에 맞춘다.

이때 중요한 부분은 여기서 지정한 폭이 실제로 이미지에 적용되지 않는다는 것이다. 단지 브라우저에게 레이아웃을 다시 그리는 일이 발생하지 않도록 원래 의도한 이미지 크기에 최대한 맞추라는 힌트만 제공할 뿐이다.

다양한 종류의 이미지에 picture 사용하기

picture 속성 중에서 type을 소개하겠다. picture 안에 담긴 source 요소마다 파일 포맷을 가리키는 type 속성을 옵션으로 지정할 수 있다. 브라우저가 해당 파일 포맷을 지원하면 그 소스를 사용할 것이다. 이렇게 지정한 type 값은 HTTP에서 특정한 파일을 지정할 때 사용한 것과 같은 문법으로 작성한다. 따라서 SVG 파일 유형은 "image/svg+xml"로 지정하고, (새로 등장한 고도로 최적화된 이미지 포맷으로 이를 지원하는 브라우저가 서서히 증가하고 있는) WebP 이미지 포맷 유형은 "image/webp"로 지정한다. 예를 들어 picture 안에 있는 source에서 WebP와 JPEG 포맷을 모두 지원하려면 다음과 같이 작성한다.

```
<picture>
  <source media="(min-width: 18em)" srcset="med.webp" »
    type="image/webp">
  <source media="(min-width: 18em)" srcset="med.jpg">
  <img srcset="small.jpg" alt="...">
</picture>
```

WebP를 지원하는 브라우저는 이렇게 작성된 코드를 통해 전송 크기를 대폭 줄일 수 있다. 포맷 자체가 엄청난 압축률을 제공하기 때문이다.

최신 HTML 반응형 이미지 사용하기

크롬과 오페라, 파이어폭스를 비롯한 여러 최신 브라우저에서 picture를 지원하고 있다. 바람직한 현상이지만 다양한 사용자에게 이미지를 제공해야 하는 웹사이트 입장에서 이 브라우저들은 수많은 브라우저 중 극히 일부에 불과하다. 따라서 picture 기능을 활용하기 위해서는 과도기적인 기법을 함께 적용해야 한다.

필라멘트 그룹에서 관리하고, 아직 지원하지 않는 브라우저에서 새로운 picture 요소(및 img 속성)를 사용하도록 RICG에서 공식적으로 인정한 경량 자바스크립트 폴리필 중 하나로 픽처필[Picturefill]이라는 것이 있다(그림 4.11). **그림 4.12**는 마이크로소프트 웹사이트에 이 픽처필을 적용한 결과다.

웹사이트에 픽처필을 추가하려면 다음과 같이 코드를 작성하면 된다. 여기서는 picturefill.js를 로딩하기 전에 picture 요소를 추가하도록 HTML5 shiv를 적용했다.

```
<script>
  // picture 요소를 위한 HTML5 shiv
  document.createElement( "picture" );
</script>
<script src="picturefill.js" async></script>
```

자세한 사용법과 예, 부가 정보 등은 픽처필 프로젝트 사이트에 자세히 나와 있다(http://bkaprt.com/rrd/4-20/). 또한 이 사이트에서는 자바스크립트를 구동할 수 없을 때 픽처필 전송 방식에 대한 폴백 기법도 두 가지 버전으로 제공하고 있다. 따라서 이를 사용하기 전에 먼저 웹사이트의 사용자를 감안해 각 버전의 장단점을 잘 비교하기 바란다.

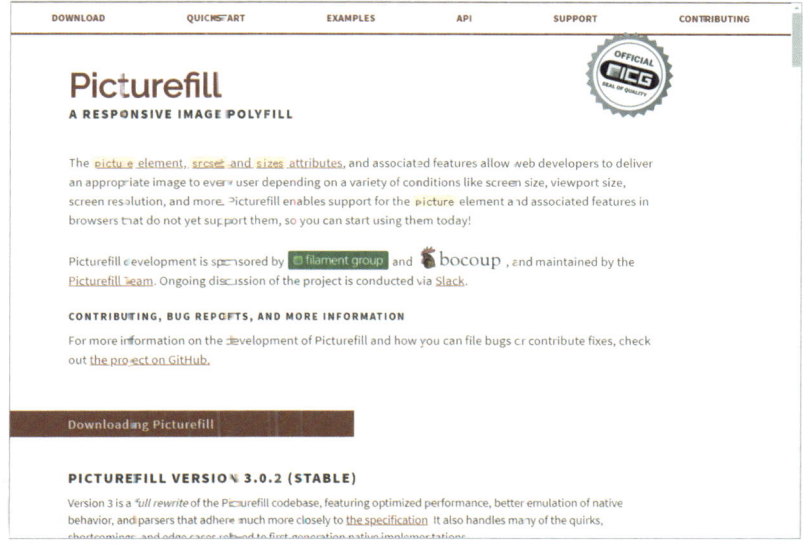

그림 4.11 픽처필 프로젝트 사이트

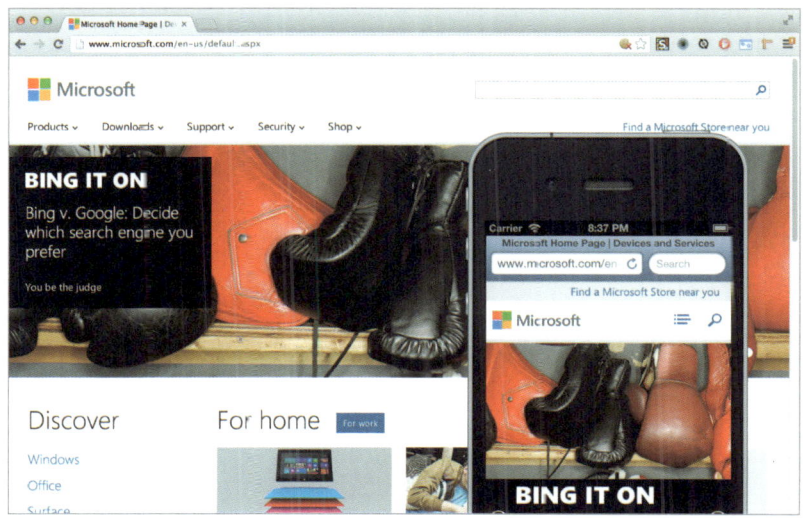

그림 4.12 마이크로소프트 사이트에 픽처필을 적용해 여러 이미지를 다양한 뷰포트 크기로 제공하는 모습

픽셀 버리기

앞에서 비트맵 이미지를 대체하거나 성능 저하를 줄이기 위한 작업을 책임감 있게 처리하는 다양한 방법에 대해 살펴보았다. 비트맵 이미지는 다양한 해상도와 크기에 대해 융통성 있게 대처하기에는 적합하지 않다. 물론 비트맵만이 이미지를 표현하는 데 사용해야 하는 유일한 것은 아니며, 대부분의 경우 주어진 작업을 처리하는 데 최상의 방법은 아니다. 뷰포트 크기와 화면 해상도가 매우 다양하기 때문에 이미지 품질을 저하시키지 않으면서 융통성 있게 크기를 조절할 수 있는 이미지를 사용하는 것이 가장 이상적이다. 다행히 최근의 브라우저에서는 이런 확장 기능을 제공하는 벡터 포맷을 대부분 지원하고 있다. 지금부터 웹의 그래픽을 벡터 기반 이미지로 구현하기 위한 방법에 대해 살펴보고자 한다(그림 4.13).

아이콘 폰트

예전 데스크톱 컴퓨터의 초창기 시절에 많이 사용하던 딩뱃 폰트 dingbat font, 요즘 용어로 '아이콘 폰트 icon font'를 사용하는 방법이 있다(그림 4.14). 아이콘 폰트는 작은 페이지 요소용으로 확장형 이미지를 제공하기 위해 사용했는데 큰 호응을 얻었다. 아이콘 폰트의 좋은 점은 온라인에서 무료나 유료로 제공하는 것들이 매우 많고, 코드베이스에 추가하는 과정이 기존 커스텀 폰트를 참조하는 것만큼 간편하다는 것이다. 또한 성능 면에서도 매우 유리하다. 여러 아이콘을 단일 폰트 파일에 담아 하나의 HTTP 요청으로 전달할 수도 있고, 폰트가 데이터 URI로 압축될 경우 요청을 아예 보낼 필요도 없다.

하지만 아이콘 폰트를 지원하지 않는 브라우저에서 오류가 발생하면 보기 안 좋기 때문에 주의해서 사용해야 한다. 그럼 웹 페이지

그림 4.13 벡터 기반 이미지 편집

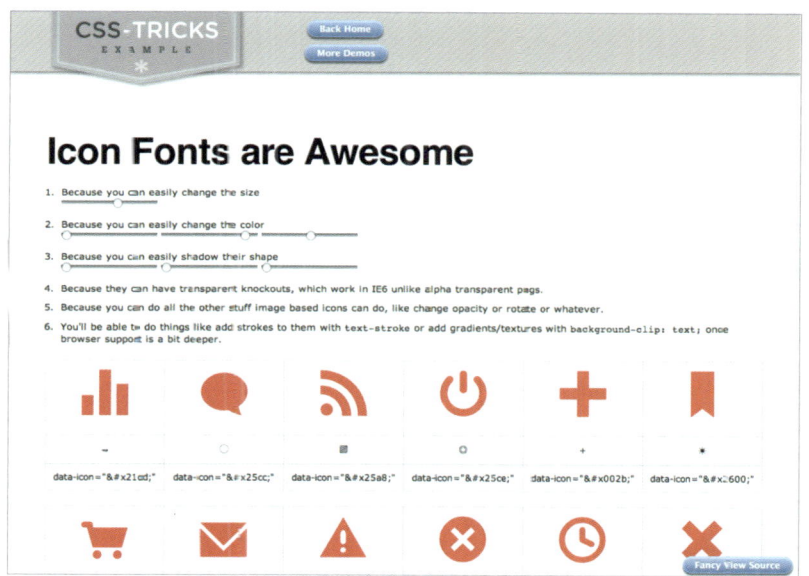

그림 4.14 크리스 코이어의 0-아이콘 폰트 미리보기 페이지 화면(http://bkaprt.com/rrd/4-21/)

에서 아이콘 폰트를 안전하게 사용하기 위한 방법을 예를 통해 살펴보자. HTML 코드는 다음과 같다.

```
<span><span class="icon-star" aria-hidden="true"> »
    </span>Favorite</span>
```

4장 책임감 있게 전달하기   181

그리고 CSS는 다음과 같이 구성한다. 여기서 @font-face 기능을 이용해 폰트 파일을 로드하고, font-family 값을 'Icons'로 지정한다. 나중에 HTML에서 요소 스타일을 적용할 때 여기서 지정한 font-family를 다시 참조한다.

```
@font-face {
  font-family: "Icons";
  src: url( "icons.woff" );
  font-weight: normal;
  font-style: normal;
}
.icon-star:before {
  font-family: "Icons";
  content: "★ ";
}
```

이를 실행하면 **그림 4.15**와 같이 깔끔하고 확장 가능한 형태로 표현된다.

여기서 주목할 부분은 두 가지다. 첫 번째로 아이콘을 별도의 HTML 요소로 표현했다. 이는 나름의 이유가 있는데, 보조 기술을 사용할 때 아이콘을 읽지 않도록 aria-hidden 속성을 지정하기 위해서다(유니코드 문자는 소리내어 읽게 되는데, 보이스오버와 같은 스크린 리더는 앞에 나온 별을 '검은 별Black Star'로 읽는다).

두 번째로 :before라는 가상pseudo 요소를 사용해 페이지에 아이콘을 배치했다. 그래야 CSS(의 content 속성)로부터 텍스트 콘텐츠를 설정할 수 있는데, 일반 요소로는 이렇게 할 수 없기 때문이다. 이렇게 하면 ★ 문자와 같은 시각적인 스타일 정보를 HTML과 CSS 안에서 유지할 수 있게 해주는 장점도 있다.

그림 4.15 텍스트와 함께 아이콘 폰트를 이용한 별 모양 글립glyph을 함께 표현한 예

아이콘 폰트 기법 보완하기

대다수의 기술들이 그렇듯이 아이콘 폰트도 몇 가지 단점이 있다. CSS `@font-face`에 대한 브라우저 지원은 꽤 괜찮은 편이지만, 간혹 이를 지원하지 않는 브라우저에서는 예상치 못한 방식으로 오류가 발생하기도 한다. 예를 들면 다음과 같다.

- 구버전의 안드로이드에서 제공한 네이티브 브라우저에서는 아이콘이 나올 자리에 검은색 사각형이 표시되는 경우가 있다. 이때 텍스트 또한 나타나지 않으면 사용성에 문제가 발생할 수 있다.
- 오페라 미니와 같은 인기 있는 프록시 브라우저에서는 아이콘 폰트가 나올 자리를 빈칸으로 표시한다.

이런 이유 때문에 아이콘 폰트 오류를 방지하기 위해 기능 테스트 코드도 함께 제공해야 한다. 재크 레더맨Zach Leatherman은 아이콘 폰트를 사용할 때 반드시 고려해야 할 여러 가지 사항에 대한 매우 뛰어난 글을 썼다(http://bit.ly/2lH5g02). 또한 그는 이 글과 함께 아이콘 폰트를 안전하게 사용하는 데 도움이 되는 폰트 가드A Font Garde라는 스크립트(http://bkaprt.com/rrd/4-23/)도 함께 제공했다. 재크 레더맨은 이 글에서 기능 테스트를 수행하는 방법에 대해 매우 자세히 설명하고 있다. 간략히 요약하면 테스트를 위해 `html` 요소에 `supports-fontface`라는 클래스를 추가하면 셀렉터에서 걸러낼 수 있다.

```
.supports-fontface .icon-star:before {
  font-family: "Icons";
  content: "★ ";
}
```

이것이 전부다.

여기서 더 나아가 임의의 해상도에서도 선명하게 렌더링하고 크기도 무한대로 확장할 수 있도록 텍스트에 적용하던 것과 동일한 스타일을 사용해 CSS로 스타일을 지정할 수도 있다. 다시 말해서 CSS의 color 속성을 지정하는 것만으로 아이콘 폰트의 색상을 표현할 수도 있고, text-shadow를 통해 섀도 효과를 줄 수도 있다.

디자인 측면에서 볼 때 아이콘 폰트가 가진 대표적인 제약 사항은 여러 컬러를 지원하지 않는다는 것이다. CSS로 아이콘 전체 색상을 지정하기는 매우 쉽지만, 폰트를 표현하는 아이콘의 일부분을 다른 색상으로 지정할 수는 없다. 물론 여러 가지 색상으로 표현된 아이콘을 레이어 방식으로 겹치거나(http://bkaprt.com/rrd/4-24/), text-shadow로 두 색상의 아이콘을 복제하는 우회 기법이 있기는 하지만 제약 사항을 근본적으로 해결할 수는 없다.

다행히 아이콘이 아닌 다른 방식으로 벡터 그래픽을 사용하거나 여러 색상을 표현하는 몇 가지 방법이 있다.

SVG 사용하기

'가변 벡터 도형 처리Scalable Vector Graphics : SVG'는 HTML과 유사하지만 도형을 그리기 위해 설계된 복잡하고 다양한 마크업 언어다. SVG는 이미 몇 년 전부터 여러 브라우저에서 지원하고 있지만, 인터넷 익스플로러 8 이하에서는 SVG에 대한 네이티브 지원이 빈약했기 때문에 크게 활성화되지 못했다. 하지만 최근에는 SVG에 대한 브라우저 지원이 크게 향상되면서 관심이 급증하고 있다. SVG에서 제공하는 풍부한 기능만 보더라도 이런 인기의 이유를 충분히 이해할 수 있다. SVG는 다양한 화면에서 매끄럽게 확장할 수 있을 뿐만 아니라 CSS를 통해 각 요소마다 스타일을 지정할 수 있으며, 텍스트 형식처럼 지집으로 압축할 수도 있다. 따라서 네트워크를 통해 책임감 있는 방식으로 전달할 수 있다.

그럼 간단한 예를 통해 SVG에 대해 살펴보도록 하자. SVG로 검은 별을 표현하려면 다음과 같이 작성한다.

```
<svg>
  <polygon fill="black" points="6.504,0 8.509,4.068 »
    13,4.722 9.755,7.887 10.512,12.357 6.504,10.246 »
    2.484,12.357 3.251,7.887 0,4.722 4.492,4.068 ">
</svg>
```

이 코드를 브라우저에서 렌더링하면 **그림 4.16**처럼 선명하게 표현된다.

HTML과 마찬가지로 SVG 문서도 가장 바깥쪽 요소(svg)로 감싼다. 그리고 그 안에 표준 자식 요소(line, circle, path, polygon 등)를 원하는 방식으로 구성한다. 이런 요소의 속성을 통해 시각적인 속성을 지정한다. 예어서는 polygon 요소를 통해 별을 표현했다. 이 요소의 fill 속성을 black으로 지정해 검은색으로 채웠고, points 속성에 여러 개의 좌표점을 콤마로 구분, 지정해 다각형의 각 선분의 연결 관계를 표현했다.

SVG는 이런 예 이외에도 그레이디언트gradient, 링킹linking, 블렌딩 모드, 필터, 애니메이션 등을 활용해 훨씬 복잡한 그래픽을 얼마든

그림 4.16 예를 든 SVG 코드를 통해 별 모양을 렌더링한 모습

지 표현할 수 있다. 어도비 일러스트레이터와 같은 그래픽 편집 도구를 통해 SVG 파일을 열고, 조작하고, 저장할 수 있으므로 디자이너는 웹에 전달할 파일을 직접 작업할 수 있다(그림 4.17).

웹디자이너라면 누구나 SVG 그래픽 작업을 어도비 일러스트레이터나 스케치^{Sketch}와 같은 유명한 디자인 도구를 사용해 효과적으로 구현하는 최적의 방법에 관심이 있을 것이다. 이것에 대해 자세히 알고 싶다면 2014년 토드 파커$^{Todd\ Parker}$가 아티팩트 콘퍼런스에서 발표한 "픽셀을 떠나며$^{Leaving\ Pixels\ Behind}$"라는 슬라이드를 살펴보기 바란다(그림 4.18).

웹에서 SVG 파일을 포그라운드 및 백그라운드 이미지로 제공하기 위한 방법은 매우 다양하다. 그중 몇 가지만 살펴보자.

SVG를 img로 제공하기

SVG를 `img` 요소로 제공하면 로고와 같은 포그라운드 이미지를 간편하게 추가할 수 있다. `img`의 `src` 속성에서 SVG 파일을 직접 참조할 수 있다(`<img src="star.svg" alt="...">`). 하지만 먼저 브라우저에서 SVG를 지원하는지부터 확인해야 한다. 이를 수행하려면 픽처

그림 4.17 페인트 드롭Paint Drop 사이트의 그래픽은 SVG로 만들었다. 그래서 적은 전송량으로 모든 SD 및 HD 화면에서 이미지를 선명하게 표현할 수 있다.

그림 4.18 토드 파커의 발표 자료 첫 화면 (http://bkaprt.com/rrd/4-25/)

필과 함께 type 속성을 가진 picture 요소를 지정한다. 만약 브라우저에서 SVG를 지원하면 그대로 처리하고, 그렇지 않다면 폴백 PNG 이미지를 사용할 수 있게 한다.

```
<picture>
  <source type="image/svg+xml" srcset="star.svg">
  <img srcset="star.png" alt="...">
</picture>
```

HTML로 SVG 제공하기

SVG 마크업을 HTML 문서에 직접 작성하면 여러 가지 다양한 기능을 구현할 수 있다. 예를 들어 페이지 전체에서 이미지를 재활용할 수도 있고, CSS를 이용해 SVG의 각 영역을 다양한 스타일로 표현할 수도 있으며, 심지어 SVG 안에 있는 도형이나 경로를 애니메이션으로 처리할 수도 있다. SVG를 문서에 직접 추가하려면 SVG 마크업을 페이지 본문 원하는 곳에 붙여 넣기만 하면 지원되는 브라우저에서 그대로 렌더링할 수 있다.

```
<body>
...
  <svg>
    <polygon fill="black" points="6.504,0 8.509,4.068 »
      13,4.722 9.755,7.887 10.512,12.357 6.504,10.246 »
      2.484,12.357 3.251,7.887 0,4.722 4.492,4.068">
  </svg>
...
```

일단 이렇게 페이지 안에 작성했다면 SVG를 구성하는 요소에 CSS로 스타일을 지정할 수 있다.

```
svg polygon {
  fill: red;
}
```

이런 기능은 극히 일부에 불과하다. SVG 마크업을 직접 내장함으로써 얻을 수 있는 강력한 효과를 보여주는 글이 있어 소개하고자 한다. 하나는 제이크 아치볼드[Jake Archibald]의 "SVG로 움직이는 선 그리기[Animated Line Drawing in SVG]"로, 자바스크립트와 CSS 트랜지션을 가미해 SVG에서 선을 그릴 때 애니메이션 효과를 주는 방법에 대해

그림 4.19 제이크 아치볼드의 "SVG로 움직이는 선 그리기"

설명하고 있다(http://bkaprt.com/rrd/4-26/)(그림 4.19).

또 다른 글은 크리스 코이어^{Chris Coyier}가 쓴 "SVG 스프라이트를 이용한 아이콘 시스템^{Icon System with SVG Sprites}"이다. 이 글에서는 SVG의 def와 use 기능을 이용해 그래픽을 마치 변수처럼 페이지 안에서 자유롭게 재활용하는 방법에 대해 소개하고 있다(http://bkaprt.com/rrd/4-27/)(그림 4.20).

SVG를 HTML에 직접 넣는(내장하는) 방식에는 크게 두 가지 단점이 있다. 하나는 SVG 그래픽을 하나의 독립적인 애셋처럼 캐시에 저장하는 기능이 제한된다는 것이다. 그리고 다른 하나는 SVG를 지원하지 않는 브라우저에도 마크업을 보내서 불필요한 오버헤드가 발생할 수 있다는 것이다. 그래픽 크기가 크다면 모더나이저에서 제공하는 것과 비슷한 기능 테스트를 활용해 SVG 요소를 숨기고 폴백 이미지를 대신 표시하는 것도 좋은 방법이다.

그림 4.20 크리스 코이어의 "SVG 스프라이트를 이용한 아이콘 시스템"

SVG를 object로 제공하기

SVG를 object 요소로 제공하면 HTML에 SVG를 내장할 때의 장점은 그대로 유지하면서 SVG 파일을 캐시에 저장하는 기능을 개선할 수 있다.

```
<object data="star.svg" type="image/svg+xml">
  폴백 콘텐츠를 여기에 적는다.
</object>
```

SVG를 백그라운드 이미지로 제공하기

마지막으로 SVG 파일을 CSS에서 백그라운드 이미지로 참조할 수 있다.

```
.star {
  background: url(star.svg);
}
```

SVG URL을 순수 데이터 형태로 표현할 수도 있다. 이것에 대해서는 데이터 URI에 대해 설명할 때 살펴보았다. SVG를 백그라운드 이미지로 내장하려면 다음과 같이 작성한다.

```
.star {
  background: url( "data:image/svg+xml, »
    <svg><polygon fill=\"black\" points=\"6.504,0 »
    8.509,4.068 13,4.722 9.755,7.887 10.512,12.357 »
    6.504,10.246 2.484,12.357 3.251,7.887 0,4.722 »
    4.492,4.068 \"/></svg>" );
}
```

이렇게 하면 HTTP 요청도 줄일 수 있다. 단 이런 데이터 URI를 레이아웃 블로킹 CSS 파일에서 남용하지 않도록 주의해야 한다. 파일 크기가 커질수록 페이지 로딩 시간이 늘어나기 때문이다(여기서 핵심은 레이아웃 블로킹 부분을 피하는 것인데, 다음 절에서 자세히 소개하겠다).

이와 같은 식으로 SVG 백그라운드 이미지를 내장할 수 있다면 SVG 백그라운드만으로 구성된 스타일시트를 만들 수 있다. 또한 오래전부터 여러 개의 비트맵 이미지를 하나로 합치기 위해 사용하던 CSS 스프라이트 기법의 장점과 유사한 효과를 벡터 그래픽에서도 얻을 수 있다. 내가 속한 팀에서는 여기서 힌트를 얻어 SVG 소스 파일이 있는 폴더에서 SVG 스프라이트 시트를 생성하는 그런티콘Grunticor이라는 워크플로 도구를 개발했다(http://bkaprt.com/rrd/4-28/).

그런티콘으로 SVG 애니메이션 만들기

그런트 태스크-러너 유틸리티 기반으로 실행되는 그런티콘을 활용하면 다양한 디바이스에 선명하고 확장 가능한 아이콘이나 백그라운드 이미지를 쉽게 관리, 제공할 수 있다. 이 도구는 SVG 파일이 담긴 폴더를 입력받아 각 아이콘 이미지마다 클래스 이름을 정의하는 CSS 파일로 출력한다. 이렇게 생성된 CSS는 세 개의 파일로 구성되는데, SVG 데이터 URI, PNG 데이터 URI, 외부 참조용 PNG 이미지의 세 포맷 중 하나로 아이콘을 표현한다. 이 이미지는 자동으로 생성되어 폴더에 저장된다. 또한 그런티콘은 약간의 자바스크립트와 CSS 코드도 생성한다. 이를 웹사이트에 추가하면 브라우저의 기능 지원 상태에 따라 적절한 아이콘 CSS를 비동기식으로 로딩할 수 있다. 그뿐만 아니라 해당 스크립트 로더가 설치된 HTML 파일의 미리 보기 기능도 구현할 수 있다(그림 4.21).

그런티콘은 웹 제작 워크플로에서 SVG를 쉽게 다루기 위해 활용할 수 있는 여러 가지 기법을 제공하기 위해 지속적으로 개선되고 있다.

그럼피

그런티콘이 제공하는 명령행 인터페이스를 통해 웹 개발팀의 워크플로를 충분히 자동화할 수 있다. 하지만 터미널 환경에 익숙하지 않은 사람들에게는 설치와 설정 작업이 어려울 수 있다. 이런 사용자를 위해 그런티콘을 웹 앱으로 구현한 그럼피콘Grumpicon을 만들었다(http://bkaprt.com/rrd/4-29/). 그럼피콘은 아스키ASCII 유니콘이 화면에서 돌아다니는 기능을 제공하고, SVG 파일을 브라우저에서 사용할 수 있는 그런티콘 애셋 형태로 변환해준다(그림 4.22). 이 도구를 사용하려면 그럼피콘 웹사이트에서 본인이 제작한 SVG 파일을 웹 페이지에 드래그 앤 드롭해서 코드가 생성되면 이것을 다운로드하면 된다.

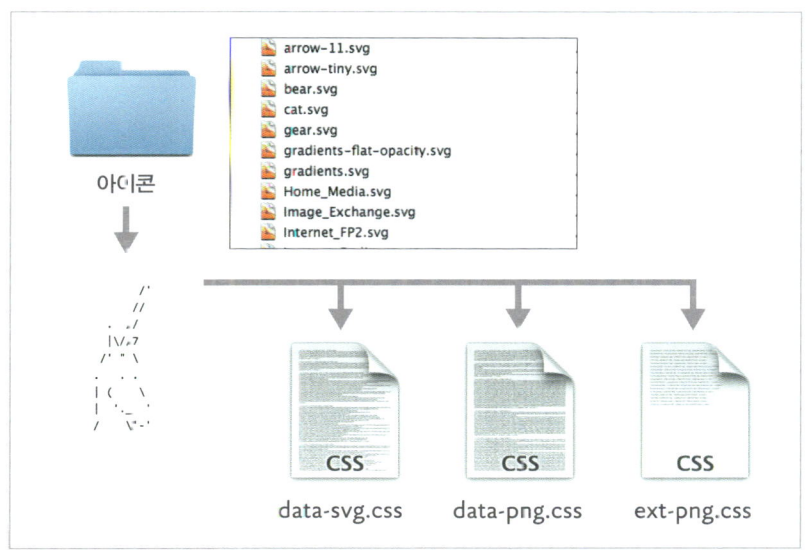

그림 4.21 그런피콘의 워크플로

그림 4.22 그럼피콘 인터페이스

폰트 전달하기

지난 몇 년 동안 웹 폰트에 대한 지원이 쏟아져 나왔지만 아직까지 폰트를 책임감 있게 제공하는 데는 몇 가지 어려운 문제가 여전히 남아 있다. 이 문제를 살펴보기 위해 먼저 브라우저마다 다른 디폴트 폰트-로딩 동작의 다양성에 대해 이야기할 필요가 있다. `link` 요소로 폰트 스타일을 직접 참조하는 경우 다른 블로킹 CSS 요청과 마찬가지로 잠재적인 실패 요인이 발생할 수 있다. 뿐만 아니라 걸리적거리는 FOUT^{Flash Of Unstyled Text}와 같은 문제에 끊임없이 시달리게 된다.

FOU의 후예

앞에서 비동기식 로딩 방식에 대해 설명할 때 FOUC라는 끔찍한 현상이 발생할 수 있다고 이야기했다. 그렇기 때문에 최근에 등장한 이에 대응되는 FOUT에 대한 문제를 간과하기 쉽다. FOUT는 커스텀 웹 폰트를 완전히 로딩하기 전에 HTML 페이지가 화면에 표시될 때 발생한다. 이런 현상은 몇몇 브라우저에서만 발생하기 때문에 브라우저의 기능으로 보아야 할지, 아니면 버그로 보아야 할지에 대한 수많은 논쟁을 불러일으키기도 한다(참고로 나는 기능으로 보는 입장이다).

구체적인 동작은 다음과 같다. 파이어폭스와 오페라를 비롯한 몇몇 브라우저에서는 웹 폰트 전체가 로딩될 때까지 (오랫동안) 기다리지 않고 페이지를 로딩한다. 이로 인해 일부 텍스트는 커스텀 폰트가 아닌 폴백 폰트가 적용된다. 그러다가 제대로 된 폰트가 도착하면 CSS에서 지정한 방식에 따라 적용해 즉시 기존에 표시된 폴백 폰트를 대체한다. 이렇게 원래 폰트로 교체하는 동작은 페이

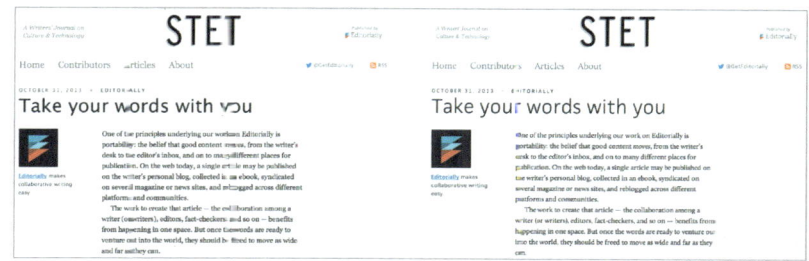

그림 4.23 파이어폭스와 오페라 브라우저에서 STET 사이트를 열 때 나타나는 폰트 로딩 동작(http://bkaprt.com/rrd/4-30/). FOUT 현상이 간간히 눈에 띈다. 커스텀 폰트가 로딩되기 전까지(오른쪽) 폴백 폰트를 사용하고 있다(왼쪽).

지가 화면에 처음 표시된 지 몇 초 뒤에 실행되는 경우가 많다. 이로 인해 사용자의 눈에 거슬리는 현상이 발생할 수 있다. 그뿐만 아니라 페이지 전체를 다시 렌더링하기 때문에 성능마저 저하시킬 위험이 있다. 하지만 CSS를 통해 폴백 폰트를 적절히 제공함으로써 극단적인 FOUT 현상은 피할 수 있다. 커스텀 폰트가 완전히 로딩되어 페이지에 적용되기 전과 후 사이에서 발생하는 미묘한 변화에 대한 예는 STET 사이트에서 찾아볼 수 있다(그림 4.23).

이렇게 미묘한 FOUT 현상이 발생할 때는 모든 브라우저에서 항상 볼 수 있는 것이 아니기 때문에 폰트를 지정할 때 신중하게 결정해야 한다. 크롬이나 사파리, 인터넷 익스플로러와 같은 브라우저에서는 FOUT 현상을 피하기 위해 페이지를 렌더링할 때 커스텀 폰트 로드가 완료될 때까지 보이지 않는 텍스트로 페이지를 표시한다(그림 4.24). 이를 FOIT Flash Of Invisible Type 라고 한다. FOIT를 선호하는 사람들은 그나마 피해를 줄일 수 있다고 주장한다. 일시적으로 스타일이 적용되지 않은 텍스트를 보여주느니 차라리 보여주지 않는 것이 사용자가 느끼기에 덜 거슬린다는 것이다. 하지만 FOIT에도 단점은 있다. 간혹 이런 단점이 원래 해결하려는 문제보다 더

그림 4.24 웹키트 기반 브라우저의 폰트 로딩 처리 과정. 폰트를 완전히 로딩할 때까지 텍스트를 전혀 표시하지 않는다.

심각한 경우가 있다. 여러 가지 단점 중에서도 가장 심각한 것은 FOIT 방식으로 처리하는 브라우저가 폴백 텍스트를 표시하기 전 폰트가 로드될 때까지 기다려야 한다는 점이다. 이는 30초 이상이 될 수도 있다. 인터넷 세상에서 30초란 지질학의 한 연대기와 맞먹는 시간이다. 이런 현상이 브라우저에서 일반적으로 발생한다면 최대한 이를 피하기 위한 방안을 모색해야 한다.

이 글을 집필할 당시 구글은 타임아웃 시간을 파이어폭스처럼 더 짧게 변경할 것을 고려하고 있는 듯해 보였다. 하지만 웹키트 계열의 브라우저들이 모두 업데이트될 때까지 당분간 웹에서 FOIT 방식을 보게 될 것이다.

FOIT보다는 FOUT

FOIT 동작은 많은 브라우저에서 표준으로 제공되지만, 대부분 페이지의 HTML head에서 참조하는 CSS에서 커스텀 폰트를 로드할 때 발생한다. 이는 폰트가 도착하려면 아직 멀었다고 판단되면 페이지의 텍스트만 숨기기 때문이다. 이런 점을 보면 폰트를 참조하는 CSS 파일을 자바스크립트를 통해 비동기식으로 로딩해 FOIT 대신 FOUT 방식으로 작동하게 할 수 있다. 폰트를 이런 식으로 로딩하면 어느 정도 타협점을 찾을 수 있다. 사용자가 웹 페이지를 처음 방문할 때는 모든 브라우저에서 FOUT 현상이 잠깐 나타날 수 있지만, 페이지가 일단 로딩된 뒤에는 이 같은 현상이 전혀 발생하지 않는다. 브라우저의 캐시는 대부분 외부의 요청 없이 폰트를 즉시 사용할 수 있는 상태를 보장하기 때문이다. 이 방식으로 확실히 처리하고 싶다면 각 커스텀 폰트를 모두 데이터 URI로 변환한 다음 font-face 정의와 함께 하나의 CSS 파일에 모두 넣는 방법을 권장한다(폰트를 다양한 포맷으로 제공하는 경우 각 포맷마다 별도 파일에 저장한 뒤 브라우저의 지원 여부를 확인한 다음 해당 파일을 로딩하게 한다). 폰트를 하나의 CSS 파일에 담아서 데이터로 전달하는 이점은 font-face를 정의할 때부터 로딩될 때까지 기다리는 시간을 없애고, FOIT 현상이 발생할 가능성을 최소화할 수 있다는 것이다. 폰트를 하나의 파일에 모두 담았다면 앞에서 CSS 로딩에 대해 설명할 때 소개한 loadCSS 함수로 불러올 수 있다.

```
<head>
  ...
  // fonts.css를 논블로킹 방식으로 불러온다.
  loadCSS( "fonts.css" );
  ...
</head>
```

물론 여러 파일 중에서 어느 것을 불러올지는 브라우저에서 지원하는 폰트 타입(WOFF, 트루타입TrueType, SVG 등)에 따라 결정해야 한다. 폰트를 안정적으로 로딩하게 하려면 최신 브라우저에 추가된 폰트 로딩 API를 활용하는 방법도 고려할 필요가 있다(http://bkaprt.com/rrd/4-31/).

웹 폰트를 사용할 때는 페이지를 최대한 빨리 사용 가능한 상태로 전달하는 것 이외에도 고려해야 할 사항이 많다. 이것에 대한 자세한 내용은 이 책에서 다루지 않는다. 웹 타입에 대해 자세히 알고 싶은 독자에게는 제이슨 산타 마리아Jason Santa Maria가 쓴 《웹 타이포그래피On Web Typography》를 추천한다.

자바스크립트 전달하기

앞에서 웹사이트의 평균 용량은 1.7메가바이트라고 이야기했는데, 두 번째로 큰 자바스크립트는 이미지 다음으로 282킬로바이트의 크기를 차지한다. 달 탐사선 아폴로 11호를 구동하는 데 사용한 OS의 전체 크기는 64킬로바이트에 불과했다. 얼마나 대단한 일을 하기에 이렇게 큰 용량을 차지하는 것일까? 엄청나게 화려한 플라이아웃fly-out 메뉴라도 제공하는 것일까?

   자바스크립트는 크기가 클 뿐만 아니라 심각한 성능 저하를 초래하는 요소를 가지고 있다. 앞에서 설명한 것과 같이 자바스크립트를 요청하고 파싱하는 동안 (최소한 디폴트 설정 상태에서는) 페이지 렌더링이 블로킹된다. 따라서 사용하는 스크립트가 많을수록 사용자가 웹사이트를 사용할 수 있는 상태에 이르기까지 걸리는 시간이 길어진다. 이런 블로킹 현상은 CSS를 로딩할 때 겪는 것과 비슷한 문제를 야기한다. 그나마 자바스크립트는 로딩 과정을 책임감 있게 처리할 수 있는 많은 기능을 가지고 있다.

> '자바스크립트를 사용할 수 없는 사용자는 없다'라는 말은 틀렸다. 모든 사용자는 자바스크립트를 사용할 수 없다. 자바스크립트를 다운로드하는 동안에는.
>
> – 제이크 아치볼드(http://bkaprt.com/rrd/4-32/)

자바스크립트의 체감 성능뿐만 아니라 실제 성능까지 크게 향상시키기 위해 스크립트를 작성하는 단계와 이를 전달하는 과정에서 적용할 수 있는 방법이 몇 가지 있다. 본격적인 설명에 앞서 먼저 자바스크립트의 크기와 전달 과정에서 발생할 수 있는 문제부터 살펴보도록 하자.

핵심은 보여주는 데 있다

자바스크립트는 무거운 애셋이라는 인식이 강하다. 하지만 자바스크립트 자체만으로 무겁게 나타나는 것은 아니다. 자바스크립트 언어는 동적이고 유연하며 적은 양의 코드로도 많은 일을 처리할 수 있다. 진짜 문제는 그동안 다양한 비표준 구현 사이에서 이리저리 휘둘리느라 같은 내용을 제각각으로 작성하고, 복잡도와 파일 크기가 늘어남으로써 상황이 더욱 나빠진다는 점이다. 다음에서 소개하는 방법은 비대해진 자바스크립트를 최대한 빠르게 실행할 수 있도록 개선하는 데 도움이 될 것이다.

JS는 최후의 수단이다

가능하면 무겁고 복잡한 작업은 네이티브 HTML과 CSS에게 최대한 맡기고 자바스크립트는 최후의 수단으로 아껴두는 것이 좋다. 그 이유는 자바스크립트가 안정성이 가장 떨어지기 때문이다. 자바스크립트는 단 하나의 구문 오류로 인해 사이트 전체가 제대로 작동할 수 없게 되는 반면 HTML과 CSS는 문제가 발생하더라도 좀더 부드럽게 넘어갈 수 있다. 따라서 항상 HTML과 CSS만으로 원하는 동작이나 프레젠테이션을 제공할 수 있는지부터 살펴보아야 한다.

라이브러리가 정말 필요한지 검토하기

제이쿼리와 같은 DOM 라이브러리는 (여러 방법 중에서도 주로) CSS 셀렉터를 통해 HTML 요소를 탐색하고, 이동 및 조작하는 방법을 제공한다. 이런 라이브러리는 WORE^{Write-Once-Run-Everywhere} 스타일의 메서드를 제공했기 때문에 한 기능을 다양한 브라우저에서 동시에 지원하기 힘들던 시절에 특히 인기가 많았다. 하지만 최근 몇 년 동안 브라우저에서 제공하는 자바스크립트 기능이 급격히 향상되어 상당수의 라이브러리는 더 이상 필요하지 않게 되었다. 이렇듯 최신 브라우저에 새롭게 추가된 자바스크립트의 기능 중에서 가장 두드러진 것은 querySelectorAll 메서드다. 이 메서드를 이용하면 제이쿼리에서와 마찬가지로 CSS 셀렉터를 사용해 DOM 관련 쿼리를 수행할 수 있다.

```
var h3Subs = document.querySelectorAll( "h3.sub-hed" );
```

또한 클래스 이름을 추가하거나 삭제하고, 루프를 돌고, 오브젝트를 확장(상속)하는 등의 작업을 쉽게 처리할 수 있는 새로운 API가 브라우저에 추가되었다. 이처럼 다양한 기능을 지원함으로써 거대한 라이브러리에 대한 수요가 서서히 줄어들고 있다. 따라서 비용을 감수하더라도 레거시^{legacy} 브라우저로 향상된 기능을 제공해야 하는지 반드시 고려해야 한다. 라이브러리를 사용하지 않기로 결정했다면 새로운 기능을 지원하지 않는 구형 브라우저에서 스크립트가 실행되지 않도록 조치를 취해야 한다(이 부분은 뒤에서 자세히 설명하도록 하겠다).

간단한 DOM 프레임워크 고려하기

구조가 복잡한 사이트를 제작할 때는 자바스크립트 프레임워크를

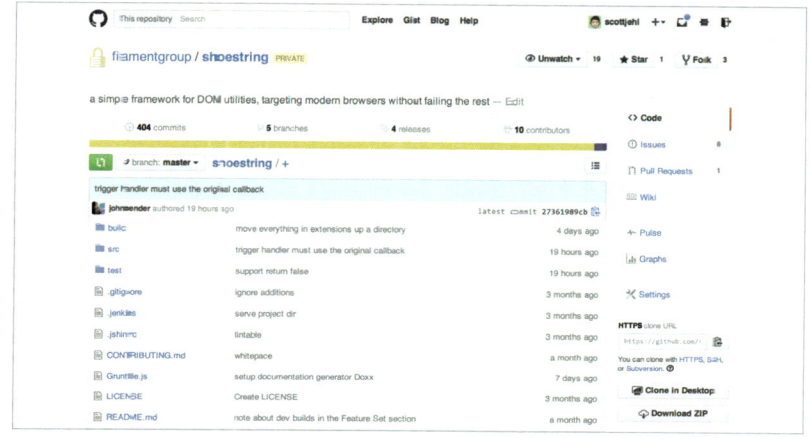

그림 4.25 슈스트링 프로젝트의 깃허브 페이지

사용하는 것이 유리할 때가 많다. 이런 프레임워크는 자주 사용하는 편의 기능을 제공하기 때문에 코드를 관리하기 편하다. 하지만 무겁지 않으면서도 비슷한 기능을 제공하는 가벼운 DOM 프레임워크도 많이 있다. 이 중에는 내가 수행한 프로젝트(레고 사이트 프로젝트)에서 활용한 슈스트링Shoestring(http://bkap-t.com/rrd/4-33/)이라는 프레임워크가 있다. 이 프레임워크는 필라먼트 그룹에서 제작한 것으로 지금은 간혹 로봇이 아닌지 의심스러운 직장 동료인 존 벤더John Bender가 관리하고 있다(그는 매우 똑똑하다). 한마디로 슈스트링은 저렴한 비용으로 빠르게 개발할 수 있는 DOM 프레임워크다 (그림 4.25).

슈스트링의 문법은 제이쿼리와 유사하다는 것을 제외하면 비슷한 점이 없다. 극히 최소화하도록 설계했기 때문에 제이쿼리에서 제공하는 것에 비해 아주 일부에 해당하는 메서드만 갖추고 있다. 또한 거의 모든 기능은 필요하지 않으면 빌드 과정에서 제거할 수 있도록 작성되었다. 크기가 몇 킬로바이트에 불과하기 때문에 성능이 매우 뛰어나지만, 간혹 슈스트링 기능 세트가 사용자의 요구 사항에 미치지 못하는 경우도 있다. 다행히 슈스트링으로 작성한 자바스크립트는 제이쿼리에서도 실행할 수 있다. 따라서 (금요일 오후 5시처럼) 급박한 상황에 처하면 당장 제이쿼리로 교체할 수 있다.

커스텀 제이쿼리 빌드하기

굳이 제이쿼리를 사용해야 한다면 사용해도 좋다. 제이쿼리를 더 작게 만들면 된다. 제이쿼리는 코드베이스에서 여러 모듈을 제거하는 커스텀 빌드를 만들 수 있도록 지원하고 있다. 필요한 제이쿼리의 양에 따라 다르겠지만 코어 부분만 빌드하면 지집으로 압축해서 12킬로바이트까지 줄일 수 있다. 커스텀 빌드를 제작하는 방법은 링크(http://bkaprt.com/rrd/4-34/)에 나온 가이드를 참고하기 바란다.

준비 완료

자바스크립트 관련 의존성을 최적화했다면 이제 자바스크립트를 책임감 있게 로딩하는 방법에 초점을 맞출 준비가 되었다. 그럼 구체적인 방법에 대해 본격적으로 살펴보도록 하자.

자바스크립트 로딩을 위한 옵션

외부 파일을 참조하는 모든 script 요소는 해당 파일의 로딩 및 실행이 완료될 때까지 그 뒤에 나오는 콘텐츠에 대한 렌더링을 블로킹한다. 이런 불필요한 블로킹 동작은 스크립트 로딩 방식을 변경함으로써 줄이거나 완전히 제거할 수 있다.

앞에서부터 가져오기

자바스크립트를 로딩하기 위한 가장 간단하고 일반적인 기법은 아마도 문서의 head 요소 안에 script 요소를 적는 것이다.

```
<head>
  ...
  <script src="myscript.js" ></script>
  ...
</head>
```

실행 과정은 단순하다. 자바스크립트를 지원하는 브라우저라면 모두 myscript.js를 완전히 가져온 다음 바로 실행시킨다. 이런 방식으로 참조한 자바스크립트 파일에 대한 요청은 동시에 실행되는 경우가 많다. 단 스크립트의 실행 순서는 DOM에 나타나는 순서를 그대로 따른다. 따라서 상호의존성 여부에 관계없이 여러 스크립트를 로딩하기에는 매우 좋은 방법이다.

```
<head>
  ...
  <script src="myjslibrary.js"></script>
  <script src="myscript.js"></script>
  ...
</head>
```

이 방식이 가진 또 다른 장점은 페이지 소스 초반에 참조한 애셋이 페이지 로딩 프로세스에서 브라우저 파서에 먼저 노출되기 때문에 최대한 빨리 가져올 수 있다는 것이다.

물론 단점도 많다. 이 방식은 스크립트를 요청하거나 실행해야 할지를 결정하기 위한 조건을 지정할 방법이 없다(자바스크립트를 지원하는 브라우저라면 요청과 실행 모두 수행한다). 또한 이렇게 참조한 스크립트는 로딩과 실행이 모두 완료될 때까지 페이지 렌더링을 지연시킨다. 드문 경우지만 특정 스크립트가 완전히 실행될 때까지 렌더링을 블로킹하는 것이 좋거나 꼭 필요한 경우가 있다. 예를 들어 심이나 폴리필, 기능 테스트뿐만 아니라 페이지 렌더링 방식을 크게 바꾸는 스크립트를 실행할 때 스크립트를 head에서 참조함으로써 페이지를 부드럽게 로딩할 수 있다.

이 경우 자바스크립트의 일부를 페이지의 head에 넣고 싶지만 네트워크를 통해 자바스크립트가 요청되는 동안 페이지 로딩이 지연되는 것을 원치 않을 수도 있다. 이때 자바스크립트를 head에 넣지만 어떠한 요청도 발생하지 않게 만드는 방법을 사용하면 된다.

head에 직접 작성하기

네트워크 지연 시간을 피하기 위한 한 가지 방법은 페이지의 head에 자바스크립트를 '직접 작성'하는 것이다. 이런 식으로 자바스크립트를 직접 작성하면 HTML이 파싱되는 즉시 실행할 수 있다. 따라서 외부에서 파일을 가져오는 동안 기다릴 필요가 없다. 예를 들면 다음과 같다.

```
<head>
  ...
  <script>
  /* 자바스크립트 코드를 여기에 적는다. */
  </script>
  ...
</head>
```

자바스크립트를 직접 작성하는 방법은 근본적인 단점이 있기 때문에 남용해서는 안 된다. 페이지에 직접 넣은 스크립트는 개별 파일 형태로 캐시에 저장할 수 없으므로 페이지를 다시 불러올 때마다 스크립트도 새로 다운로드된다. 또한 페이지의 head에 작성한 스크립트는 모든 브라우저에서 다운로드한다(모든 자바스크립트를 지원하는 브라우저에서 실행된다). 이로 인해 소중한 초기 페이지 렌더링 데이터 분량에서 첫 14킬로바이트를 깎아먹는다. 물론 제이쿼리는 그 자체만으로도 이보다 두 배나 더 무겁다.

그렇다면 자바스크립트를 직접 작성하는 방식은 언제 사용하면 좋을까? 자바스크립트 중에서도 (심이나 폴리필처럼) 반드시 head 안에 넣어서 실행해야 하는 작고 핵심적인 코드를 불러올 때 유용하다.

그런데 현재 작성한 자바스크립트가 그 기준을 충족시키지 못한다면 어떻게 해야 할까?

뒤에서부터 가져오기

자바스크립트를 로딩하기 위한 세 번째 방법은 script 요소를 HTML 문서 끝부분에 배치해 최대한 빨리 콘텐츠를 로드하고 렌더링할 수 있게 하는 것이다. 스크립트는 콘텐츠를 파싱하고 렌더링한 작업이 끝난 뒤에 불러와서 실행하게 만들 수 있다. 이 방식의 가장 큰 장점은 사용자가 페이지와 더 빨리 상호작용할 수 있다는 것이다.

하지만 몇 가지 심각한 제약 사항이 있다. 첫째는 head에서 스크립트를 참조할 때처럼 스크립트의 요청이나 실행 여부를 조건에 따라 제한할 방법이 없다. 모든 자바스크립트를 지원하는 브라우저에서 일단 스크립트를 가져온다. 또한 문서 끝부분에서 스크립트를 참조하기 때문에 콘텐츠보다 훨씬 늦게 요청을 보내며, 페이지 앞에서 스크립트를 참조할 때보다 스크립트를 불러와 실행하기까지 더 많은 시간이 소요된다. 자바스크립트가 페이지 프레젠테이션에 영향을 미치는지의 여부에 따라 괜찮을 수도 있고 아닐 수도 있다. 하지만 자바스크립트로 페이지의 시각적인 효과를 줄 때는 잠시 향상되지 않은 버전이 나타날 수 있으므로 특히 주의해야 한다.

defer와 async 속성을 지정해서 다시 앞에서부터 가져오기

IE10을 비롯한 현재 나와 있는 최신 브라우저들은 script 요소에 async와 defer 속성을 지정해 HTML을 로딩하는 동안 여기서 참조한 자바스크립트 파일을 불러오게 하는 기능(async)과 그 스크립트를 HTML을 완전히 불러온 뒤에 실행하거나 그 전에 실행할지를 지정하는 기능(defer)을 제공한다. 이런 속성은 각기 따로 지정해도 되고, 하나의 script 요소에 함께 지정할 수도 있다.

```
<script src="myScript.js" async defer></script>
```

스크립트를 급하게 실행할 필요가 없다면 defer 속성을 지정하는 것이 페이지 로딩 성능 향상에 큰 도움이 된다. 브라우저가 우선순위가 더 높은 다른 필수적인 작업에 집중할 수 있기 때문이다. defer를 활용하는 스크립트 예로는 지연 로딩 방식으로 불러오는 컴포넌트나 블로그의 댓글처럼 페이지 뒤에 나올 콘텐츠를 제어하는 컴포넌트에 원하는 동작을 지정하는 경우를 들 수 있다.

그렇더라도 자바스크립트 파일은 가능한 빨리 실행하는 것이 좋을 때가 많기 때문에 defer를 사용하는 것이 바람직하지 않을 수도 있다. 로드된 HTML의 문서 양에 관계없이 준비되는 대로 즉시 안전하게 실행할 수 있는 자바스크립트라면 async 속성을 지정하는 것이 좋다.

async 속성의 가장 큰 장점은 head 안에 있는 (외부 파일을 참조하는) script 요소에 적용할 수 있다는 것이다. 이렇게 하면 브라우저는 참조한 파일을 즉시 요청하지만, 파일이 동시에 로드되는 동안 페이지 렌더링을 시작한다. 양쪽 모두에게 좋은 방법이다.

```
<head>
    ...
```

```html
    <script src="myScript.js" async></script>
    ...
</head>
```

다른 기법과 마찬가지로 이 방법 역시 단점이 있다. 첫째, 이런 속성을 지원하는 브라우저가 매우 많기는 하지만 안드로이드 2나 IE9와 같이 async는 제대로 지원하지 않고 defer는 지원하는(IE5 이상) 구형 브라우저에서는 렌더링 블로킹 현상이 여전히 발생한다. 따라서 defer를 일종의 폴백으로 사용하도록 두 속성을 도두 지정해야 한다.

둘째, async로 여러 스크립트를 지정할 때 페이지 소스에 나온 순서대로 실행되지 않을 수도 있다. defer는 실행 순서를 보장하기는 하지만 IE9 이하에서는 여전히 그렇지 못하다. 상호의존하는 스크립트를 동시에 불러올 일이 없다면 이런 단점은 크게 문제되지 않는다.

마지막 단점은 앞에서 소개한 다른 방법과 마찬가지로 async와 defer 속성 역시 특정한 스크립트에 대한 요청 또는 실행 여부를 조건에 따라 '제한할' 수 있는 방법을 제공하지 않는다. 경우에 따라서 책임감 있는 방식으로 크로스 디바이스 사이트를 개발하기 위해서는 브라우저에서 네이티브로 제공하는 기능에만 의존할 수 없고 별도의 도구를 사용해야 하는 경우도 있다.

작은 인라인 스크립트로 스크립트를 동적으로 로딩하기

자바스크립트를 로딩하기 위한 마지막 옵션은 '동적 로딩dynamic loading'으로 내가 가장 추천하는 방법이다. 동적 로딩을 사용하면 다양한 조건을 기준으로 다른 파일을 추가로 로딩할지의 여부를 결정할 수 있다. 또한 그렇게 결정된 파일을 논블로킹 방식으로 요청할 수 있다. 동적 로딩은 다양한 네트워크 조건과 디바이스 기능 및 사용자 선호 사항 등을 다루도록 설계된 코드베이스에서 꼭 필요한 부분만 불러올 수 있기 때문에 가장 책임감 있는 방식이다.

자바스크립트를 동적으로 로딩하는 방법은 매우 간단하다. 페이지에 자바스크립트 일부를 인라인 방식으로 직접 작성하고, 이를 통해 추가로 불러올 부분은 script 요소로 추가한다. 그러면 다운로드와 실행을 동시에 진행할 수 있다. 자바스크립트를 이용해 페이지에 요소를 동적으로 추가하는 방법은 다양하지만 그중에서도 insertBefore 메서드가 가장 안전하고 안정적이다. 예를 들어 HTML 문서의 head에서 insertBefore로 스크립트("myScript.js")를 불러오려면 다음과 같이 작성한다.

```
<head>
  ...
  <script>
    var myJS = document.createElement( "script" );
    myScript.src = "myScript.js";
    var ref = document.getElementsByTagName( »
      "script" )[ 0 ];
    ref.parentNode.insertBefore( myJS, ref );
  </script>
</head>
```

이 코드가 어떻게 실행되는지 각 부분별로 자세히 살펴보자.

- 첫 번째와 두 번째 줄에서 script 요소를 생성하고, 이를 myJS라는 변수로 참조한 뒤 이 요소의 src 속성값을 "myScript.js"로 지정한다.
- 그다음 줄은 페이지에서 첫 번째로 찾은 script 요소(앞에 나온 스크립트 예를 담고 있는 곳)에 대한 참조를 변수 ref에 저장한다.

- 마지막으로 ref의 부모(여기서는 head 요소)에서 insertBefore 메서드를 호출한다. 이때 인수를 통해 지금 집어넣으려는 script 요소를 가리키는 myJS를 ref 바로 앞에 넣도록 지정한다.

이 코드를 실행한 뒤 DOM 상태를 확인하면 다음과 같은 결과를 볼 수 있다(새로 추가된 부분은 굵게 표시).

```
<head>
  ...
  <script src="myScript.js"></script>
  <script>
    var myJS = document.createElement( "script" );
    myScript.src = "myScript.js";
    var ref = document.getElementsByTagName( »
      "script" )[ 0 ];
    ref.parentNode.insertBefore( myJS, ref );
  </script>
</head>
```

이 패턴은 요즘 많이 사용하는 풍부한 기능을 갖춘 애셋 로딩 스크립트의 기반이 되는 것이다. 나도 웹사이트를 개발할 때마다 이 패턴을 사용한다. 이 패턴의 가장 큰 한계는 상호의존하는 여러 개의 스크립트를 불러올 때 문제가 발생할 수 있다는 것이다. 다시 말해서 스크립트가 요청한 순서대로 실행된다고 보장할 수 없다. 그렇더라도 확장 스크립트를 모두 하나의 파일에 합치면(단 크기가 그리 크지 않을 때만 추천) 이 스크립트 하나만으로도 충분할 수 있다. 나는 이 예에 나온 스크립트를 재사용 가능한 함수인 loadJS로 만들었다(http://bkaprt.com/rrd/4-35/). 이 스크립트를 사용하는 방법은 다음과 같다(굵게 표시된 부분은 loadJS를 통해 앞에서 나온 예와 동일한 스크립트를 불러온다).

```
<script>
  /* loadJS 함수 추가하기 */
  function loadJS( src ){ ... }
  loadJS( "myScript.js" );
</script>
```

이런 도구를 자유자재로 다루면 페이지의 head에 들어가는 코드 양을 크게 줄일 수 있으며, 빠르게 로딩하느라 페이지를 블로킹하지 않고도 사용자 경험을 향상시킬 수 있다.

책임감 있게 향상하기

인터페이스를 다양한 요소로 화려하게 꾸며야 하는 사이트를 개발한다고 가정해보자. 이렇게 하기 위해서는 모든 브라우저에 공통적으로 전송되는 초기 코드에 들어가지 않을 정도로 더 많은 양의 자바스크립트와 CSS가 필요하다. 그러나 모든 브라우저에 불필요한 코드나 요청으로 부담을 주지 않고 이를 사용할 수 있는 브라우저만 필요하다.

요건 충족 여부 확인하기

@media only all로 적용할 CSS 규칙을 걸러내듯이 자바스크립트 향상 기법의 적용 여부를 전반적으로 검사할 때도 활용할 수 있다. 이런 검사는 웹사이트의 사용자 경험 향상에 필요한 특정 기능에 대해 제공하는 경우가 많다. 하지만 최신 기능 지원 여부에 대한 범용 검사 도구로도 활용할 수 있다.

BBC 개발자인 톰 마슬렌[Tom Maslen]은 "Cutting the Mustard"에서 향상 기법에 대한 접근 방식을 '2계층[tier] 방식 반응형 솔루션'이라고 표현한 바 있다. 브라우저의 기능 지원 상태에 따라 단순히 핵심만 담은 HTML로 사용자 경험을 제공받을지 아니면 향상된 버전을 제공받을지가 결정된다. BBC에서는 브라우저가 이런 요구를 충족하는지 확인하기 위해 브라우저의 특정 기능에 대한 지원 여부를 검사하는 기능을 만들었다. 브라우저가 이 검사를 통과하면 향상된 경험을 제공한다. 마슬렌은 자신의 글에서 이런 진단 기능을 다음과 같은 예를 통해 소개했다.

```
if( "querySelector" in document
   && "localStorage" in window
   && "addEventListener" in window ){
   // 이 브라우저는 요건을 충족한다.
}
```

이 코드는 세 개의 자바스크립트 메서드, 즉 querySelector, localStorage, addEventListener가 지원되는지 검사한 뒤 통과되면 계속 진행한다. IE9와 같은 브라우저에서는 통과되지만 IE8에서는 통과되지 않는다. 또한 여기서 검사하는 기능들은 사이트마다 필요하지 않을 수도 있다. 예를 들어 《보스턴 글로브》사이트를 만들 때는 이를 가늠하기 위해 미디어 쿼리 기능을 활용했다.

```
if( window.matchMedia && window.matchMedia( »
   "only all" ) ){
   // 이 브라우저는 요건을 충족한다.
}
```

이런 조건 검사를 통해 기능을 제대로 지원하는 브라우저에서만 향상된 스크립트와 스타일을 적용하게 만들 수 있다(그뿐만 아니라 폴백을 신경 써서 제공해야 할 기능의 지원 여부를 확인하기 위해 더욱 구체적인 기능 테스트도 추가할 수 있다). 이렇게 향상 기법의 적용 가능 여부를 검사함으로써 QA 테스트를 보다 쉽게 수행할 수 있다. 특정 브라우저에서 지원하지 않는다면 최소한의 기능만 갖춘 경험으로 표현하기 때문에 고급 기법으로 인한 사용성 관련 문제는 발생할 일이 없다는 사실에 위안을 삼을 수 있다.

일단 브라우저가 요건을 충족했다면 html 요소에 enhanced라는 클래스를 추가해 향상 프로세스enhancement process를 시작한다.

```
document.documentElement.className += " enhanced";
```

때로는 조건을 만족하는 환경에서만 스타일이 적용되도록 CSS 셀렉터 안에 .enhanced를 사용하는 경우도 있다. 예를 들어 다음 코드와 같이 enhanced 환경에서는 체크박스를 레이블 속으로 숨긴다(물론 이렇게 숨긴 부분은 커스텀 체크 아이콘과 같은 것으로 대체된다는 가정하에).

```
.enhanced label input[type=checkbox] {
  opacity: 0;
}
```

이제 코드의 '적용' 여부를 검사하는 것도 중요하지만 다른 코드를 추가로 요청할지의 여부를 검사하는 것 역시 중요하다. 불필요한 HTTP 요청은 최대한 줄이는 것이 바람직하기 때문이다. 지금부터 이렇게 통과된 애셋을 로딩하는 방법에 대해 살펴보도록 하자.

통과된 애셋 로딩하기

단 한 개의 스크립트 파일만 동적으로 불러오는 것이 목적이라면 앞에서 소개한 loadJS() 패턴만으로도 충분하다. 또한 원하는 조건에 대한 만족 여부를 확인해서 각 브라우저에서 작업을 처리하는 데 꼭 필요한 것만 요청하게 만들 수도 있다. 예를 들어 다음 코드와 같이 querySelector를 지원하는 IE8 이상의 브라우저라면 어디서나 스크립트를 불러오게 할 수 있다.

```
// 브라우저에서 querySelector를 지원하는지 확인하기
if( "querySelector" in document ){
  // 이 브라우저는 요건을 충족한다.

  // 먼저 HTML 요소에 클래스를 추가한다.
  document.documentElement.className += " enhanced";

  // 그런 다음 enhancement 스크립트를 불러온다.
  loadJS( "myScript.js" );
}
```

이제 거의 다 왔다. 지금까지 설명한 내용을 CSS 로딩 접근 방식과 연결해서 더 큰 그림을 그려보자.

모두 합치기

지금까지 여러 가지 애셋을 별개로 불러오는 방법에 대해 살펴보았다. 그런데 동일한 코드베이스에서 모든 애셋을 효율적으로 불러오기 위해서는 별도의 조직에서 신경 써서 관리해야 한다. HTML, CSS, 자바스크립트를 빠르고 책임감 있게 조합하는 방법에 대해 단계별로 살펴보는 것으로 이 장을 마무리하고자 한다.

페이지의 head는 페이지 향상 프로세스가 시작되는 지점인 만큼 여기에 더 집중해서 살펴보겠다. 이 장에서 소개했던 기법들, 예를 들어 현재 환경에 따라 스크립트와 스타일, 폰트를 추가로 불러오는 데 적용할 수 있는 핵심적인 CSS와 자바스크립트 코드를 직접 작성하는 기법을 적용해본다.

나는 이런 프로세스를 제대로 처리하기 위해 페이지 향상 프로

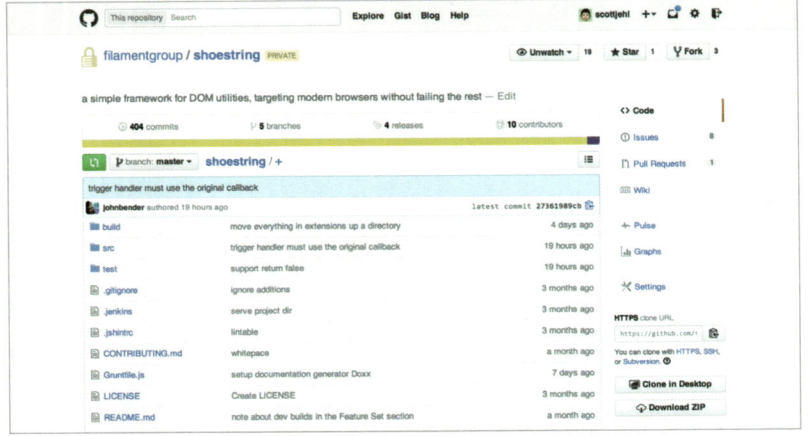

그림 4.26 Enhance 프로젝트의 깃허브 페이지(http://bkaprt.com/rrd/4-37/)

세스에서 사용하는 자바스크립트 워크플로에 대한 몇 가지 예를 (3장에서 소개한) Enhance 프로젝트에 추가했다(그림 4.26). 이 프로젝트를 구현한 파일인 enhance.js는 앞에서 설명한 loadCSS( )와 loadJS( ) 함수의 코드뿐만 아니라 쿠키를 가져오거나 설정하고, meta 요소의 값을 가져오는 보조 함수^{helper function}와 초기 요건 검사 작업에 대한 예(cut the mustard)도 함께 제공하고 있다. enhance.js는 다른 자바스크립트 프레임워크와 달리 편집이 가능한 보일러플레이트이므로 사용할 때 프로젝트에 필요 없는 부분은 과감히 삭제하고 부족한 부분은 얼마든지 추가할 수 있다. 다음에 나오는 예는 워크플로에 자바스크립트를 직접 추가하기 위해 enhance.js를 활용하는 방법을 보여준다.

meta 요소 지정하기

먼저 자바스크립트로 불러올 수 있는 파일이 몇 가지 있다. 나는 이런 파일에 대한 URL을 찾기 쉬운 곳에 두는 작업부터 시작하고자 한다. 이를 위한 용도로 meta 요소가 적합하므로 head 앞부분에 그 중 몇 개를 적어둔다. 사이트의 전체 CSS 파일에 대한 meta 요소와 커스텀 폰트에 대한 meta 요소, 그리고 자바스크립트 향상 기법에 대한 meta 요소를 하나씩 지정한다.

```
<head>
  ...
  <meta name="fullcss" content="/path/to/full.css">
  <meta name="fonts" content="/path/to/fonts.css">
  <meta name="fulljs" content="/path/to/ »
    enhancements.js">
  ...
</head>
```

핵심 자바스크립트 추가하기

meta 태그를 사용해 인라인 스크립트를 추가할 수 있다. 이 인라인 스크립트는 사용자 경험을 향상시키는 데 필요한 자바스크립트로만 구성되어야 한다. 나는 주로 현재 사이트에 특화된 로직과 함수를 포함하는 수정된 버전의 enhance.js를 추가한다. 이때 사이트 전체에 대한 CSS 파일은 모든 환경에 적용되는 스타일을 포함하고 있으므로 별도의 조건 검사 과정을 거치지 않고 동적으로 불러오고, 브라우저가 요건 충족 테스트를 통과하는지 확인해야 한다. 테스트를 통과했다면 커스텀 폰트와 향상된 자바스크립트도 함께 불러온다(참고로 모든 사용자를 위해 커스텀 폰트를 불러올지 선택할 수 있지만 이런 기능은 주로 최신 브라우저에게 맡긴다. 최신 브라우저라면 대부분 이런 사항을 알아서 잘 처리한다).

이와 같이 인라인 스크립트를 추가한 head 섹션 코드는 다음과 같다(새로 추가된 부분은 굵게 표시).

```html
<head>
  ...
  <meta name="fullcss" content="/path/to/full.css">
  <meta name="fonts" content="/path/to/fonts.css">
  <meta name="fulljs" content="/path/to/ »
    enhancements.js">
  <script>
    {% include path/to/enhance.js %}
  </script>
  ...
</head>
```

여기서 지정한 enhance.js 파일에는 loadCSS(), loadJS()와 같은 함수뿐만 아니라 meta 요소를 name 속성으로 검색하는 getMeta() 라는 함수도 함께 담겨 있다. 먼저 다음과 같이 함수를 호출해 사이트의 전체 CSS 파일을 참조하는 meta 요소부터 찾는다.

```
getMeta( "fullcss" );
```

CSS를 가리키는 meta 요소를 찾았다면 content 속성을 통해 URL을 찾아내서 loadCSS()로 그 CSS 파일을 불러온다.

```
var cssMeta = getMeta( "fullcss" );
if( cssMeta ){
  // meta 요소의 content 속성에 지정된
  // 사이트의 전체 CSS 파일을 불러온다.
  loadCSS( cssMeta.content );
}
```

이제 사이트의 전체 CSS 파일을 비동기식으로 불러오기 위한 작업은 끝났다.

다음 할 일은 인라인 스크립트에서 클래스를 추가하고 확장된 자바스크립트와 폰트를 불러와 페이지를 향상시키기 전에 브라우저가 테스트를 통과하는지 확인해야 한다. 예를 들면 다음과 같다.

```
...
// 브라우저가 querySelector를 지원하는지 확인하기
if( "querySelector" in document ){
    // 이 브라우저는 요건을 충족한다.

    // 먼저 HTML 요소에 클래스를 추가한다.
    document.documentElement.className += " enhanced";

    // 다음으로 enhancement 스크립트를 불러온다.
    var jsMeta = getMeta( "fulljs" );
    if( jsMeta ){
    loadJS( jsMeta.content );
    }

    // 마지막으로 커스텀 폰트를 불러온다.
    var fontsMeta = getMeta( "fonts" );
    if( fontsMeta ){
    loadCSS( fontsMeta.content );
    }
}
```

자바스크립트에 대한 작업은 이제 모두 끝났다.

페이지의 head에서 해야 할 다음 작업은 페이지 상단 부분을 렌더링하는 데 필요한 핵심 CSS 파일을 추가하는 것이다. 기억을 상기시키기 위해 다시 한 번 설명하면 여기서 추가할 핵심 CSS는 템플릿마다 다르며, 앞에서 언급한 Grunt-CriticalCSS와 같은 도구로 생성해야 한다. CSS의 일부분을 다음과 같이 head에 직접 넣는다(새로 추가된 부분은 굵게 표시).

```
<head>
  ...
  <meta name="fullcss" content="/path/to/full.css">
  <meta name="fonts" content="/path/to/fonts.css">
  <meta name="fulljs" content="/path/to/ »
    enhancements.js">
  <style>
    /* 이 템플릿에 대한 핵심 CSS를 여기에 적는다. */
  </style>
  <script>
    {% include path/to/enhance.js %}
  </script>
  ...
</head>
```

여기서도 script와 style 요소는 외부 코드를 참조하지 않기 때문에 페이지 소스의 순서는 렌더링 성능에 영향을 미치지 않는다. 그렇지만 핵심 CSS를 script 앞에 두면 자바스크립트가 인라인 스타일 뒤에 전체 CSS 파일을 삽입할 수 있다. 따라서 전체 CSS에 담긴 스타일을 덮어씌우는 일은 막을 수 있다.

다음으로 자바스크립트를 사용할 수 없는 브라우저에 제공할 사이트의 전체 CSS 파일을 정적 참조 형태로 추가한다. 이렇게 함으로써 자바스크립트를 사용해 동적으로 불러올 수 있는지의 여부와 관계없이 모든 CSS를 확실히 불러올 수 있다. 코드는 다음과 같다(새로 추가된 부분은 굵게 표시).

```
<head>
  ...
  <meta name="fullcss" content="/path/to/full.css">
  <meta name="fonts" content="/path/to/fonts.css">
  <meta name="fulljs" content="/path/to/ »
    enhancements.js">
```

```
<script>
  {% include path/to/enhance.js %}
</script>
<style>
  /* 이 템플릿에 대한 핵심 CSS를 여기에 적는다. */
</style>
<noscript>
  <link rel="stylesheet" href="/path/to/full.css">
</noscript>
...
</head>
```

드디어 끝났다. 이후 페이지 소스에서 body 요소는 모든 사용자가 해당 페이지를 사용하는 데 필요한 모든 HTML 콘텐츠를 포함해야 한다.

쿠키를 이용해 후속 로드 최적화하기

여기서 몇 가지 작업을 좀더 할 필요가 있다. 앞에서 설명한 워크플로는 사용자가 사이트를 처음 방문할 때 매우 최적화되어 있지만, 캐싱을 이용해 이후 다시 방문할 때는 훨씬 더 빠르게 로드되게 할 수 있다.

여기서 최적화에 주력할 부분은 인라인 CSS다. 이 코드는 사이트의 전체 CSS가 브라우저에 의해 요청되고 캐시되기 전에 처음 방문할 때만 필요한 것이다. 그런데 브라우저는 처음 방문한 뒤 사이트의 전체 CSS를 요청해 로컬 캐시에 저장한다. 따라서 페이지의 head에는 템플릿이 추가하는 인라인 CSS 대신 이렇게 캐시된 CSS를 참조하는 것이 안전하다. 이같이 수정하려면 템플릿에 서버 측 로직을 약간 가미해야 한다. 따라서 페이지를 쿠키를 검사하는 것처럼 최소한 기본적인 서버 측 스크립트 기능을 제공하는 웹 서버에서 실행해야 한다. 이런 환경이 이미 마련되어 있다면 나머지 최적화 작업은 매우 간단하게 수행할 수 있다.

먼저 문서의 head에 쿠키에 존재하는 CSS가 아닌 인라인 CSS를 추가하도록 설정한다. 예에서는 이렇게 쿠키에 존재하는 전체 CSS를 fullcss라고 한다. 이와 같이 head를 작성한 예는 다음과 같다.

```
<head>
  ...
  <meta name="fullcss" content="/path/to/full.css">
  <meta name="fulljs" content="/path/to/ »
    enhancements.js">
  <script>
    {% include /path/to/enhance.js %}
  </script>
{% if cookie "fullcss=true" %}
  <link rel="stylesheet" href="/path/to/full.css">
{% else %}
  <style>
    /* 이 템플릿에 대한 핵심 CSS를 여기에 적는다. */
  </style>
  <noscript>
    <link rel="stylesheet" href="/path/to/full.css">
  </noscript>
{% endif %}
  ...
</head>
```

그런 다음 사이트의 전체 CSS 파일을 불러온 직후 인라인 자바스크립트 내에서 CSS 파일을 요청하고 캐시에 저장되었음을 선언하도록 쿠키를 설정한다. 이 쿠키는 브라우저에 저장되며 이후 서버에 대한 모든 요청과 함께 전달된다. 따라서 이후 페이지를 제공할 때마다 이를 감지해 앞에서 추가한 로직을 적용할 수 있다. 또한 나중에 같은 페이지를 불러올 때 자바스크립트가 사이트의 전체

CSS를 불러오기 전에 쿠키가 설정되었는지의 여부를 확인해야 한다(CSS가 이미 페이지에 포함되어 있을 수 있기 때문이다).

앞에서 설명한 쿠키 기능을 추가한 enhance.js는 다음과 같이 구성된다(새로 추가된 부분은 굵게 표시).

```
var cssMeta = getMeta( "fullcss" );
if( cssMeta ){
   // meta 요소의 content 속성에 지정된
   // 사이트의 전체 CSS 파일을 불러온다.
   loadCSS( cssMeta.content );
   // 'fullcss'라는 이름의 쿠키를 true로 설정한다.
   cookie( "fullcss", "true" );
}
```

이제 진짜 끝났다.

여기에 나온 예를 직접 실행해보려면 여기서 소개한 워크플로의 여러 기능에 대한 데모 파일이 있는 EnhanceJS 사이트(http://bkaprt.com/rrd/4-37/)를 참고하기 바란다.

이제부터는 책임감 있게 로딩하자

지금까지 살펴본 간단한 로딩 워크플로를 활용하면 꼭 필요한 애셋만 신중하게 전달할 수 있다. 무엇보다도 사용자에게 놀라울 정도로 빠르게 렌더링되는 페이지를 제공할 수 있다. 방대한 코드 향상 작업 중에서 꼭 필요한 부분만 걸러 요청함으로써 얻을 수 있는 장점은 엄청나다. 특히 모바일에서 연결할 때처럼 한 페이지를 요청하는 데 몇 초씩이나 걸릴 경우에는 그 효과가 빛을 발한다.

이제 준비는 끝났다

이 장에서는 애셋을 최적화하는 기법부터 이런 애셋을 빠르게 렌더링할 수 있도록 책임감 있게 불러오는 방법(또는 아닌 방법)에 이르기까지 매우 다양한 기법에 대해 살펴보았다. 웹사이트는 단순히 페이지를 모아두는 곳이 아니다. 조금만 방심해도 그 복잡함에 짓눌리기 쉬운 시스템에 가깝다. 아직 기술이 발전하는 과도기 상태에 있지만 더 가볍고 화려한 사용자 경험을 어느 정도 제공할 여지는 충분히 있다. 앞으로 어떤 미래가 펼쳐질지 기대를 가지고 지켜보자.

결론

나는 이 책 전반에 걸쳐 사용성, 접근성, 지속성, 성능 등을 우선시하는 반응형 사이트를 제작하는 방법에 대해 내 경험을 토대로 다양하게 소개했다. 오늘날 웹 개발에서 이런 사항은 중요한 요소일 뿐만 아니라 조만간 등장할 브라우저에 대비하기 위한 것이기도 하다.

웹사이트 사용자들의 환경은 지리적인 위치나 기술적인 배경 등 매우 다양하다. 개발도상국 사람들의 웹 접근성이 향상될수록 웹사이트의 사용자층은 더욱 두터워지며, 장애를 감당하는 능력과 구성되는 계층의 수, 그리고 선별적으로 전달하는 능력 등이 더욱 중요한 기능으로 나타나게 될 것이다. 이와 동시에 웹사이트를 책임감 있게 제작함으로써 기존 선진국의 사용자들 역시 현재 브라우저 환경의 여러 가지 아쉬운 점을 극복해 웹사이트를 더 빠르고 접근하기 쉽게 만들 수 있다. 웹에 대한 사용자 경험은 주어진 상황에 따라 매우 다양하지만, 브라우징 환경과 제약 사항에 대한 요구 사항 및 그 밖의 여러 가지 기대하는 바는 거의 비슷하다고 볼 수 있다.

책임감 있는, 반응형 디자인의 미래

앞으로 웹이 어떤 모습으로 발전할지는 정확히 예측할 수 없지만 향후 등장할 미지의 대상을 포용할 수 있는 마음의 준비는 충분히 할 수 있다. 웹 경험을 더욱 접근하기 좋고, 더욱 유익하고, 더욱 지속 가능한 방식으로 제공하기 위해서는 웹 제작과 관련된 다른 모범 사례best practice에 제대로 된 반응형 디자인이 반드시 포함되어야 한다. 디바이스와 네트워크 다양성을 포용해 브라우저나 디바이스보다는 기능과 제약 사항에 더 초점을 맞추는 것이 지향해야 될 방향이다.

웹은 광범위한 접근과 포용성을 전제로 만들어졌다. 여기에 여러 가지 기술을 독특하고 계층화된 방식으로 응용함으로써 어느 누구도 배제하지 않으면서 더 높이 쌓기 위한 토대를 제공할 수 있다. 이런 목표를 달성하기 위해서는 창의적으로 사고하고, 책임감 있게 제작하고, 항상 사용자를 가장 먼저 생각하는 자세가 필요하다.

부디 여러분이 만든 사이트의 접근성이 높아지고, 장애가 발생하더라도 매끄럽게 처리하며, 여러분이 전하고자 하는 바를 사용자가 더욱 공감할 수 있기를 바란다.

감사의 글

이 책을 출간하는 데 재능과 배려를 아끼지 않고 도와준 사람들을 모두 언급하지 못해 매우 아쉽다. 저자로서 그나마 할 수 있는 일은 짧게나마 감사를 표하는 것뿐이다.

가장 먼저 어머니, 아버지, 크리스틴, 애덤, 할머니와 할아버지(할머니 고마워요!)를 비롯한 가족들은 나를 아낌없이 지지해주었다. 디자인 공부를 할 수 있게 플래글러대학에 보내주신 부모님께 감사드린다. 나는 이곳에서 지금까지도 좋은 친구로 지내고 있는 재능 있는 디자이너이자 멘토인 랜디 테일러를 만나게 되었다. 랜디는 세스 페헤이르와 함께 나의 커리큘럼에 웹디자인을 포함할 수 있게 격려해주었으며, 초창기 클라이언트인 플로리다의 시각 및 청각 장애인 학교에 근무하는 도러시 헤슨을 소개해주기도 했다. 도러시의 열정과 지식은 웹 접근성을 높이는 데 큰 자극제가 되었다.

대학을 갓 졸업한 나를 채용해 좋은 기회를 준 존 레일에게도 감사드린다. 먼발치에서 영웅으로 바라보던 그리고 지금은 좋은 친구가 된 제프리 젤드먼, 에릭 마이어, 제러미 키스에게도 감사드린다. 웹 성능에 대한 이해를 지금의 수준까지 오를 수 있게 많은 영향을 준 폴 아디리시, 스티브 소더스, 일리야 그리고리크, 앤디 홈에게도 감사드린다. 오래전 제이쿼리 팀에 합류하게 해준 존 레식에게도 감사드린다. 항상 나에게 배울거리를 제공해준 훌륭한 웹 커뮤니티 멤버인 제이크 아치볼드, 팀 캐들렉, 트렌트 월턴, 데이브 루퍼트, 크리스 코이어, 맷 다키스, 브라이언 리거와 스테파니 리거, 스티븐 헤이, 니콜 설리번, 댄 시더홈, 브래드 프로스트, 제이슨 그릭스비, 조시 클라크, 루크 로블르스키, 애나 데브넘, 제임스 크레이그, 칼 스웨드버그, 라이자 가드너 등 이곳에서 언급하지 못한 모든 사람에게도 감사드린다.

필라멘트 그룹의 우리 팀에서 가장 뛰어난 다섯 명인 패티 톨런드, 토드 파커, 매기 와치스, 재크 레더맨, 제프 렘벡, 존 벤더에게도 감사드린다. 이 분야에서 가장 똑똑하고 배려심 많은 이들과 함께 매일 일하게 되어 행운이다. 이 책의 거의 모든 내용은 팀원 모두가 회사에서 웹사이트를 제작하고 분석하는 과정에서 연구한 결과다. 패티와 토드는 오픈 소스 프로젝트에 지대한 공헌을 하고 있는 특별한 회사를 운영하고 있다. 그들은 흥미롭고 중요한 결과를 보여주고 있으며, 일과 삶의 균형도 중요하게 생각하고 있다. 그들이 우리 모두에게 베푼 모든 것에 감사드린다.

나는 어 북 어파트 A Book Apart : ABA 출판사 편집팀에 많은 신세를 졌다. 티나 리는 이 책의 원고 전체를 수차례에 걸쳐 보완하고 의문을 제기하며 불필요한 부분은 현명하게 삭제해 나의 두서없는 생각을 훨씬 명료한 글로 정리해주었다. 또 어 북 어파트의 첫 담당자인 맨디 브라운은 이 책에 핵심적인 편집 방향을 제시해주었다. 어 북 어파트의 임원인 케이틀 르두는 매우 노련한 솜씨로 우리 팀원이 끝까지 작업을 완수하고 효과적으로 협력할 수 있게 해주었다. 롭 웨이처트와 제이슨 산타 마리아는 뛰어난 능력을 발휘해 지금 이 책에서 보는 바와 같이 본문을 아름답게 디자인해주었다.

이단 마콧에게도 특별히 감사드린다. 그는 이 책의 바탕이 되는 기법을 창안했을 뿐만 아니라 웹 분야에 지대한 공헌을 했으며, 무엇보다도 그가 갖춘 정중한 자세로 인해 오래전부터 나의 롤 모델이 되어왔다. 이단은 기술 편집자로서 수차례에 걸쳐 코드를 검토해주었으며, 이 책의 방향에 대한 매우 중요한 피드백과 단락의 의미가 제대로 표현되지 않았을 때 거침없이 지적해주었다. 그가 이 책의 서문을 써준 것은 대단한 영광으로, 그를 내 친구라고 부를 수 있는 것이 매우 자랑스럽다.

마지막으로 가장 중요한 훌륭하고 재능 있는 나의 아내 스테파니에게 고마움을 전한다. 이 책은 주로 아내와 내가 함께 보내야 할 밤과 주말 시간을 할애해 집필했다. 취침 시간과 여가 시간을 (임신 중임에도 불구하고) 희생했을 뿐만 아니라 이 책의 많은 부분에 현명한 조언을 해주기도 했다. 이 책을 반쯤 집필했을 무렵에 태어난 딸 에머리가 책이 출간될 즈음 두 살이 되었다. 책은 에머리가 가장 좋아하는 '장난감'이기에 언젠가 아빠도 그 장난감 중 하나를 만들었다는 사실을 알게 될 것을 상상하면 마음이 흐뭇해진다. 가장 감사하고 싶은 사람은 아내와 에머리로, 두 사람 모두 사랑한다.

참고 자료

디바이스, 브라우저, 테스팅

- 브라우저스택   크로스 디바이스 사이트를 제작한다면 여러 디바이스를 접해보아야 한다. 브라우저스택은 방대한 운영체제와 브라우저에서 실제로 테스트할 수 있는 환경을 제공한다. 강력 추천한다(http://bkaprt.com/rrd/5-01/).
- 캔아이유즈   최근 나온 브라우저에서 각각의 기능이 제공되는 수준을 잘 정리한 뛰어난 자료다(http://bkaprt.com/rrd/5-02/).
- 아카마이의 인터넷 현황 보고서 Akamai's State of the Interget   전 세계 인터넷 접속의 연결 속도와 인프라 현황에 대해 자세히 나와 있다(http://bkaprt.com/rrd/5-03/).
- 스탯카운터 StatCounter   모든 웹 트래픽을 다루지는 않지만 전 세계 브라우저와 운영체제 관련 통계 정보는 믿을 만하다(http://bkaprt.com/rrd/5-04/).
- "브라우저가 아닌, 컴포넌트를 평가하라 Grade Components, Not Browsers"   다양한 브라우저마다 다르게 나타나는 사용자 경험에 대해 변하고 있는 평가 방식을 다루고 있다(http://bkaprt.com/rrd/5-05/).

성능 최적화 및 분석

- 웹페이지테스트   자신이 만든 사이트를 다양한 디바이스와 브라우저로 전 세계 각지에서 접속할 때 발생하는 부하를 분석해주는 대단한 사이트(http://bkaprt.com/rrd/5-06/).
- 페이지스피드 인사이트   성능이 뛰어난 브라우저 기반 서비스로, 웹사이트에서 성능 최적화가 필요한 부분을 찾을 때 유용

하다(http://bkaprt.com/rrd/5-07/).

- Grunt-PerfBudget 팀 캐들렉이 만든 명령행 도구로, 웹페이지 테스트를 이용한 성능 테스트를 자동화해준다(http://bkaprt.com/rrd/5-08/).
- "성능 예산 수립하기Setting a Performance Budget" 팀 캐들렉이 사이트 예산 수립시 중점적으로 고려해야 할 사항에 대해 설명한 글 (http://bkaprt.com/rrd/5-09/).
- "큰돈 들이지 않고 실제 모바일 디바이스에서 테스트하는 방법Test on Real Mobile Devices without Breaking the Bank" 브래드 프로스트가 제시하는 균형 잡힌 테스트 환경을 구축하기 위한 방법(http://bkaprt.com/rrd/5-10/).
- 스티브 소더스Steve Souders 소더스는 웹 성능 분야의 대가다. 그가 올리는 글은 꼭 읽어보기 바란다(http://bkaprt.com/rrd/5-11/).
- 오픈 디바이스 랩Open Device Lab 자신에게 적합한 디바이스 테스트 환경을 찾을 수 있다(http://bkaprt.com/rrd/5-13/).

미래 지향적인 코딩 방법과 관련 도구

- 서버 측 기능 감지 구글의 일리야 그리고리크가 제안한 HTTP 클라이언트-힌트Client-Hints 권고안. 브라우저에서 서버로 요청할 때마다 브라우저의 기능과 상태에 대한 표준화된 정보를 서버로 보내기 위한 방법을 제시하고 있다. 이 제안의 진행 상태를 주시하기 바란다(http://bkaprt.com/rrd/5-14/).
- CSS 로딩 W3C 메일링 리스트(www-style)에서 논의되고 있는 브라우저에서 적용할 수 없거나 우선순위가 낮은 CSS를 로딩할 때 발생하는 문제를 해결하기 위한 방안(http://bkaprt.com/rrd/5-15/). 지금까지 나온 아이디어로, link 요소에 onmatch 속성을 활용하는 방안 등이 제시되었다(http://bkaprt.

com/rrd/5-16/).
- 기능 테스트　상당수의 기능은 사용하기 전에 먼저 제대로 지원되고 있는지 검사부터 해야 한다. 모더나이저^{Modernizr}는 현재 이런 기능을 제공하는 기능 감지 라이브러리 중 가장 뛰어나다(http://bkaprt.com/rrd/5-17/).
- 반응형 이미지　반응형 이미지 사용법에 관심 있는 사람들은 오페라에서 발표한 "반응형 이미지: 처음 시작하는 데 도움이 되는 코드의 예와 활용 사례^{Responsive Images : Use Cases and Documented Code Snippets to Get You Started}"를 꼭 한 번 읽어보기 바란다(http://bkaprt.com/rrd/5-18/). 이 글을 읽을 때 RICG(http://bkaprt.com/rrd/5-19/)와 픽처필^{Picturefill}(http://bkaprt.com/rrd/5-20/)도 함께 참조하기 바란다.
- 필라멘트 그룹의 오픈 소스 프로젝트　필라멘트 그룹은 수차례 테스트를 거친 반응형 컴포넌트와 관련 도구들을 무료로 제공하는 여러 가지 오픈 소스 프로젝트를 진행하고 있다(https://www.filamentgroup.com).
- 필라멘트 그룹의 사우스스트리트^{Filament's SouthStreet}　필라멘트 그룹에서 만든 단계별 향상^{progressive enhancement} 워크플로에 관련된 여러 프로젝트에 대한 정보와 링크를 제공하는 페이지다(http://bkaprt.com/rrd/5-22/).

참고 URL

본문에 나오는 단축 URL을 순서대로 정리했다. 각 단축 URL은 다음 목록을 통해 확인할 수 있다.

0-01 http://www.wired.com/2014/01/internet-org-hackathon-low-end-rules/
0-02 https://www.moneyweb.co.za/archive/asia-mobile-internets-tomorrow/
0-03 https://appleinsider.com/articles/12/02/17/apple_sold_more_ios_devices_in_2011_than_total_macs_in_28_years
0-04 https://www.cisco.com/c/en/us/solutions/collateral/service-provider/visual-networking-index-vni/white-paper-c11-738429.html
0-05 http://www.pewinternet.org/fact-sheets/mobile-technology-fact-sheet/
0-06 http://opensignal.com/reports/fragmentation-2013/
0-07 https://twitter.com/Cennydd/status/362269441645481984
0-08 http://alistapart.com/article/responsive-web-design
0-09 http://trentwalton.com/2014/03/10/device-agnostic/
0-10 https://www.flickr.com/photos/janitors/12907608763
0-11 https://www.flickr.com/photos/scottvanderchijs/8453911636
0-12 https://www.apple.com/accessibility/osx/voiceover/
0-13 https://www.thinkwithgoogle.com/advertising-channels/mobile-marketing/the-new-multi-screen-world-study/
0-14 http://developer.android.com/about/dashboards/index.html
0-15 http://dev.opera.com
0-17 https://httparchive.org/reports/state-of-the-web?start=latest

1장 책임감 있는 디자인

1-01　http://trentwalton.com/2011/05/10/fit-to-scale/

1-03　https://twitter.com/brad_frost/status/191977076000161793

1-04　http://webtypography.net/2.1.2

1-05　http://webtypography.net

1-06　http://daverupert.com/2013/04/responsive-deliverables/

1-07　http://getbootstrap.com/

1-08　http://www.lukew.com/ff/entry.asp?1569

1-09　http://demos.jquerymobile.com/1.4.2/table-reflow/

1-10　http://demos.jquerymobile.com/1.4.2/table-column-toggle/

1-11　http://bradfrost.github.io/this-is-responsive/patterns.html

1-12　http://touchlab.mit.edu/publications/2003_009.pdf

1-13　https://www.smashingmagazine.com/2012/02/finger-friendly-design-ideal-mobile-touchscreen-target-sizes/

1-14　http://static.lukew.com/TouchGestureCards.pdf

1-15　https://github.com/filamentgroup/tappy

1-16　https://github.com/ftlabs/fastclick

1-17　http://www.w3.org/WAI/intro/aria

1-18　http://www.nytimes.com/2013/12/30/opinion/america-in-2013-as-told-in-charts.html

1-20　http://adactio.com/journal/6692/

2장 지속성 있는 감지 방법

2-01　http://alistapart.com/article/testing-websites-in-game-console-browsers

2-02　https://twitter.com/anna_debenham/status/246613439814971393

2-03　http://www.lukew.com/ff/entry.asp?1333

2-04　http://trentwalton.com/2013/03/19/type-touch/

2-05　https://www.flickr.com/photos/frankieroberto/2317229560/

2-06 https://www.slideshare.net/bryanrieger/rethinking-the-mobile-web-by-yiibj

2-07 https://cloudfour.com/thinks/the-ems-have-it-proportional-media-queries-ftw/

2-08 http://trentwalton.com/2013/01/16/windows-phone-8-viewport-fix

2-09 http://caniuse.com

2-10 http://www.stucox.com/blog/the-good-and-bad-of-level-4-media-queries

2-11 http://alistapart.com/article/testdriven

2-12 http://modernizr.com/

2-13 http://dev.w3.org/csswg/css-conditional/#at-supports

2-14 http://dev.w3.org/csswg/css-conditional/#support-definition

2-15 https://github.com/Modernizr/Modernizr/wiki/Undetectables

2-17 https://github.com/filamentgroup/fixed-fixed

2-18 https://github.com/aFarkas/html5shiv/#why-is-it-called-a-shiv

2-19 https://github.com/aFarkas/html5shiv

2-20 http://remysharp.com/2010/10/08/what-is-a-polyfill/

2-21 https://github.com/paulirish/matchMedia.js

2-22 https://github.com/scottjehl/Respond

2-23 http://adactio.com/journal/5964/

2-24 http://bradfrost.com/blog/post/test-on-real-mobile-devices-without-breaking-the-bank/

2-25 http://opendevicelab.com

2-26 https://www.flickr.com/photos/lukew/6171909286/

2-27 http://www.browserstack.com

3장 성능 고려하기

3-01 http://contentsmagazine.com/articles/10-timeframes/

3-02   http://httparchive.org

3-04   http://www.stevesouders.com/blog/2011/09/21/making-a-mobile-connection/

3-05   http://devtoolsecrets.com

3-06   https://developers.google.com/speed/pagespeed/insights

3-07   http://webpagetest.org/

3-08   http://timkadlec.com/2014/01/fast-enough/#comment-1200946500

3-09   http://calendar.perfplanet.com/2013/holistic-performance

3-10   http://timkadlec.com/2014/05/performance-budgeting-with-grunt

3-11   http://imageoptim.com

3-12   http://optipng.sourceforge.net

3-13   http://jpegclub.org/jpegtran

3-14   https://github.com/gruntjs/grunt-contrib-imagemin

3-15   http://2012.dconstruct.org

3-17   http://html5boilerplate.com

3-18   https://developers.google.com/speed/docs/best-practices/caching

3-19   https://developer.mozilla.org/en-US/docs/Archive/Social_API/Service_worker_API_reference

3-20   http://www.html5rocks.com/en/tutorials/appcache/beginner

3-21   https://incident57.com/codekit/

3-22   http://gruntjs.com

4장 책임감 있게 전달하기

4-01   http://www.lukew.com/ff/entry.asp?933

4-02   http://24ways.org/2011/conditional-loading-for-responsive-designs

4-03   http://adactio.com/journal/5042/

4-04   https://github.com/filamentgroup/Ajax-Include-Pattern

4-06   https://github.com/filamentgroup/AppendAround

4-07	http://filamentgroup.github.io/AppendAround/
4-08	http://httparchive.org/interesting.php#renderStart
4-09	https://github.com/scottjehl/css-inapplicable-load
4-10	https://developers.google.com/speed/pagespeed/insights/
4-11	http://paul.kinlan.me/detecting-critical-above-the-fold-css/
4-12	https://github.com/filamentgroup/grunt-criticalcss/
4-13	https://github.com/filamentgroup/loadCSS
4-14	http://timkadlec.com/2012/04/media-query-asset-downloading-results/
4-15	http://boazsender.github.io/datauri
4-16	http://www.mobify.com/blog/data-uris-are-slow-on-mobile
4-18	http://responsiveimages.org/
4-19	http://www.w3.org/TR/html-picture-element/
4-20	http://scottjehl.github.io/picturefill/
4-21	http://css-tricks.com/examples/IconFont/
4-23	https://github.com/filamentgroup/a-font-garde
4-24	http://css-tricks.com/stackicons-icon-fonts
4-25	https://docs.google.com/presentation/d/1CNQLbqCokrocy_fZrM5fZ-YmQ2JgEADRh3qR6RbOOGk/edit?pli=1#slide=id.p
4-26	http://jakearchibald.com/2013/animated-line-drawing-svg/
4-27	http://css-tricks.com/svg-sprites-use-better-icon-fonts/
4-28	https://github.com/filamentgroup/grunticon
4-29	http://grumpicon.com
4-30	http://stet.editorially.com
4-31	http://dev.w3.org/csswg/css-font-loading
4-32	https://twitter.com/jaffathecake/status/207096228339658752
4-33	https://github.com/filamentgroup/shoestring
4-34	https://github.com/jquery/jquery#how-to-build-your-own-jquery
4-35	https://github.com/filamentgroup/loadJS

4-37 https://github.com/filamentgroup/enhance/

참고 자료

5-01 https://www.browserstack.com/

5-02 http://caniuse.com

5-03 http://www.akamai.com/stateoftheinternet

5-04 https://gs.statcounter.com/#all-browser_version_partially_combined-ww-monthly-201307-201407

5-05 http://filamentgroup.com/lab/grade-the-components.html

5-06 http://www.webpagetest.org

5-07 https://developers.google.com/speed/pagespeed/insights

5-08 http://timkadlec.com/2014/05/performance-budgeting-with-grunt

5-09 http://timkadlec.com/2013/01/setting-a-performance-budget

5-10 http://bradfrost.com/blog/post/test-on-real-mobile-devices-without-breaking-the-bank/

5-11 http://stevesouders.com/

5-13 http://opendevicelab.com

5-14 https://github.com/igrigorik/http-client-hints

5-15 http://lists.w3.org/Archives/Public/www-style

5-16 http://lists.w3.org/Archives/Public/www-style/2013Feb/0131.html

5-17 http://modernizr.com

5-18 http://dev.opera.com/articles/responsive-images

5-19 http://ricg.org

5-20 http://scottjehl.github.io/picturefill

5-22 https://github.com/filamentgroup/Southstreet/

찾아보기

@font-face **182**
@supports **93**
FOIT **195**
FOUT **194**
Grunt-Perf-Budget **131**
HTTP 아카이브 **118**
meta 요소 **214**
picture 요소 **172**
sizes 속성 **176**
srcset **174**
SVG **184**

ㄱ

그런트 **140**
그런티콘 **151**
그럼피콘 **152**

ㄷ

도메인 네임 서비스(DNS) **120**
동적 로딩 **207**
디바이스 감지 **69**
딩벳 폰트 **180**

ㄹ

로블르스키, 루크(Luke Wroblewski) **35**
리플로 패턴 **39**

ㅁ

마콧, 이단(Ethan Marcotte) **15**
마키스, 매트(Mat Marquis) **125**
매치미디어 **107**

모더나이저 **89**
문서 객체 모델(DOM) **122**
미디어 쿼리 **107**

ㅂ

백그라운드 이미지 **164**
브라우저 락인 **23**
브라우저스택 **113**
블로킹 **123**

ㅅ

사용자 에이전트 스니핑 **69**
성능 예산 **130**
수스트링 **201**
스피드 인덱스 **129**
심 **103**

ㅇ

아이콘 폰트 **180**
아치볼드, 제이크(Jake Archibald) **188**
압축 이미지 **170**
어펜드어라운드 **151**
에이잭스-인클루드 **145**
오버플로 **97**
오프 캔버스 레이아웃 **36**
온디맨드 방식 **35**
월턴, 트렌트(Trent Walton) **17**
웹페이지테스트 **128**
이미지옵팀 **133**
이미지 파일 최적화 **133**

ㅈ

전환율 26
점진적 공개 35
점진적 향상 51
정적 CSS 111
제스처 44
중단점 31
지연 로딩 144
지집 136

ㅋ

칼럼 토글 40
캐들렉, 팀(Tim Kadlec) 131
캐시 137
코드키트 140
코이어, 크리스(Chris Coyier) 189
크리티컬 패스 119
키스, 제레미(Jeremy Keith) 64

ㅌ

터치 41

ㅍ

파일 압축 136
파일 연결 135
파일 축약 135
패스트클릭 50
페이지스피드 인사이트 128
포그라운드 이미지 169
폰트 194
폴리필 106
폼팩터 75
프로스트, 브래드(Brad Frost) 40

ㅎ

화면 깜박임(FOUC) 123

어 북 어파트 소개

웹디자인은 다방면의 폭넓은 지식과 고도의 집중력이 필요한 작업이다. '어 북 어파트 A Book Apart' 시리즈는 웹사이트 제작자를 위한 것으로, 웹디자인과 관련된 최신 이슈와 필수적인 주제를 멋스럽고 명료하게, 무엇보다 간결하게 다루고 있다. 디자이너와 개발자는 낭비할 시간이 없기 때문이다.

또한 웹사이트 제작의 까다로운 문제를 좀더 쉽게 이해할 수 있도록 실마리를 제공해 궁금증을 해결해주고 실제 작업에 활용할 수 있도록 최선을 다하고 있다. 웹 전문가에게 필요한 도구를 제공하고자 하는 우리의 의지를 성원해주시는 것에 감사의 말을 전한다.